사랑스러운 딸들에게 건네는 이야기

# 보석 상자를 여는 여자

ⓒ정애숙 2015

2015년 02월 24일 1판 1쇄 인쇄
2015년 02월 26일 1판 1쇄 발행

| | |
|---|---|
| 지은이 | 정애숙 |
| 발행인 | 이헌숙 |
| 편 집 | MW (MAKE WONDERS) |
| Cover Design | 박재철 |
| 발행처 | 생각쉼표 & (주)휴먼컬처아리랑 |
| 출판 등록 | 제 2009-000008호 |
| 등록 일자 | 2009년 12월 29일 |
| 주 소 | 서울특별시 영등포구 여의도동 45-13 코오롱포레스텔 309 |
| | • 문의 : 070) 8886-2220   • 팩스 : 02) 784-4111 |
| E-mail | thethinkbook@naver.com |
| Homepage | www.휴먼컬처아리랑.kr |
| ISBN | 979-11-5565-372-2 |

• 이 책은 생각쉼표 & (주)휴먼컬어아리랑과 저작권자의 계약에 의해 출판된 것이므로, 무단 전재 및 유포, 공유, 복제를 금합니다.
• 이 책 내용의 전부 또는 일부를 이용하려면 반드시 저작권자와 생각쉼표 & (주)휴먼컬처아리랑 서면 동의를 받아야 합니다.
• 잘못 만들어진 책은 판매처에서 교환해 드립니다.

# 보석함을 여는 여자

정애숙 지음

(주)휴먼컬처아리랑

## 작가의 말

이 땅의 많은 부모들에게 아들과 딸을 키우기에 대하여 물어보면 대부분은 아들은 든든한 맛이라고 말한다. 반면에 하나같이 딸 키우는 재미가 훨씬 더 쏠쏠하다는 말을 많이 듣게 된다.

딸 키우는 재미가 어떠한지는 딸을 키워본 사람이라면 다 알 것이다. 부모마음을 잘 알아주는 것도 아들이란 무게보다는 딸들이 더욱 더 세심하고 살뜰하다.

우리는 지금 딸들의 시대를 살고 있다. '딸바보' 라는 유행어가 세상을 말하고 있다. 요즘 젊은 부모, 특히 아빠들의 딸 사랑은 넘치다 못해 바보라 불리며 사랑의 표현이라고 알고 있는 정도이니 가히 짐작 할 수 있지 않은가?

"딸 바보 대열에 딸들은 살고 있다."

이 책은 눈에 넣어도 아프지 않을 사랑스러운 딸들이 행복하게 살기를 바라는 마음을 담았다. 인생선배로 엄마로서 좀 더 나은 무엇인가를 찾아 이 땅의 귀한 딸들에게 주고 싶다. 또한 '딸바보'라 당당히 불리는 자랑스러운 부모들에게 권하고 싶다.

필자는 15년간 상담을 하면서 이 땅의 수많은 딸들을 만났다. 요즘, 예쁘고 청순한 꿈 많은 그 소녀들은 어디 갔을까? 라는 의문과 안타까운 마음이 있다.
성공을 위해 창조적으로 살아가는 딸들의 공통점은 확실

한 존재감을 갖고 추구하는 목표를 달성한다.
 알파걸들이 세상을 주도하고 있는 현대의 딸들은 멋지다. 딸들은 아름답다. 그들은 세상의 중심에서 사랑받으며 보호받고 있다. 이렇다보니 여성은 탄생의 배경부터 쉽지 않은 선택을 부모들은 해야 한다.
 귀한만큼 역할이 많고 다양해졌지만 성평등 현상은 선진국을 따라가지 못하고 있다.

 부강한 나라, 행복한 나라의 기준은 남성 아래 여성이 존재하는 것이 아니라 성 평등에서부터 국가의 경제력이 생산된다. 우리나라가 OECD나라 중 행복의 만족도가 하위에 있다는 사실을 누구나 알고 있다.

이제 딸들이 능력을 발휘하고 주도적 삶을 살 수 있고 행복 지수를 높이는 '성에 대한 태도'를 알려주고자 한다.

이 책을 통하여 자신에게 숨겨져 있는 '보석상자'에서 금은보화보다 더 귀한 보석들을 찾아 낼 것이다. 그리고 내재된 힘들로 인해 이미 부자가 되어 있을 것이다.

여기에 '성적인 자기결정권'을 학습하게 하여 한 남자의 공주로 살 것인지, 아니면 삶의 주인으로 살 것인지를 선택하게 한다. 또한 여신으로 다시 태어나 살아가게 할 것이다.
12시가 넘어도 마법이 풀리지 않는 주도적인 신데렐라가 되게 될 것이며, 독이든 사과를 먹지 않고도 백설 공주가 부럽지 않게 될 것이다.

  아무 정보 없이 목욕하려 내려갔다가 일생을 슬퍼하다 두레박 타고 날아가 버리는 선녀가 되지 않을 수 있다.

  이처럼 창조적이고 생산적인 발전개체는 없을 것이다. 내 몸속에 들어온 이물질까지 생명으로 재 탄생해내는 저력이 바로 여성, 딸 들인 것이다. 딸들은 바로 우주이고 세상의 빛으로 여신들의 저력이 딸들에게서 발할 수 있게 할 것이다.

  이 책은 딸들에게 없던 날개를 새로 만들어 달기 위해 서술해 놓은 책이 아니다. 이미 딸들에게는 진화되지 않은 날개가 숨어 있다. 그 날개가 있음을 인정하고 시작한다. 스스로 날개를 키우고 활짝펴 날 수 있게 인도할 것이다. 그러면 딸들의 인생은 매일 매일이 전성기에서 전문가로 살아가게 될 것이다.
 딸들에게 포스를 가지게 할 것인가, 파워를 가지게 할 것인가! 는 내 안에 이미 숨어있는 여신의 힘이 결정해준다.
 내 인생의 주인이 되는 가장 중요하고 빠른 길은 자기 자신을 사랑하는 데 있다. 더불어 제멋대로 살면서 타인에게 피해를 주지 않고 독립적인 삶만이 하이웨이와 자갈밭으로 갈음된다.

 달걀도 남이 깨주면 프라이밖에 안되지만 스스로 깨고 나오면 병아리가 되는 것처럼 처세술 권유가 아닌 나 자신의 본질을 꿰뚫게 하기 위한 임타워먼트로서 행복지수를 높이는 양질의 힘을 찾게 하고자 한다.

생활 중 어떤 파도가 밀려와도 파도에 허우적거리지 않고 멋있는 서퍼처럼 신나고, 멋지게 그리고 아름답게 그 파도를 즐기는 여신으로 다시 태어나게 될 것이다.

이 책을 통해 기억할 것은 21세기가 원하는 딸로 살아가는데 무슨 특별한 공식 같은 것이 아니라는 사실이다.
이미 그렇게 살고 있을 수 있고, 또 어떤 부분을 그대의 삶에 적용시킬지는 그대들의 몫이다.
그대들의 목표, 그리고 삶의 방향에 달려있다.
그대의 학벌, 인맥, 직업, 명예에 상관없이 이제 행복하고 파워를 가진 멋진 삶을 창조하며 살아가게 될 것이다.
독자는 내 안의 상처를 보듬고 그 상처가 삶의 비전을 갖게 하는 힘이라는 것을 알게 하는데 마중물이 되기를 바란다.
 또한 이 책의 마지막 장을 덮었을 때 자신안의 힘을 인정하고 비상하기 위한 날개 짓이 시작되길 기원한다.


정 애 숙

## 차례

**작가의 말**　　4

### Chapter 1
한 남자의 공주로 살 것인가? 삶의 주인으로 살 것인가?

| | | |
|---|---|---|
| 1-1 | 딸답게, 아들답게가 아니라 인간답게 | 16 |
| 1-2 | 신데렐라의 구두는 왜 벗겨졌나? | 24 |
| 1-3 | 백설 공주가 사과를 먹은 이유는? | 31 |
| 1-4 | 선녀는 왜 목욕하러 내려 왔나? | 38 |
| 1-5 | 백마 탄 왕자를 기다리는 소녀들에게 | 46 |

### Chapter 2
성! 아는 만큼 자유롭다

| | | |
|---|---|---|
| 55 | '성에 대한 지식'이 아니라 '성에 대한 태도' 배우기 | 2-1 |
| 60 | 사춘기에 준비해야할 3가지 | 2-2 |
| 64 | 이성교제! 동상이몽? | 2-3 |
| 69 | 성적인 자기결정권 | 2-4 |
| 77 | 성관계! 같은 행동, 다른 의미 | 2-5 |
| 82 | 미디어 다시 보기 | 2-6 |
| 88 | 올바른 성문화 주도적으로 이끌기 | 2-7 |
| 97 | 미래의 이력서 미리 써보기 | 2-8 |

## Chapter 3
여신으로 다시 태어나기

| | | |
|---|---|---|
| 3-1 | 자존심이 아닌 자존감이 넘친다 | 104 |
| 3-2 | 자기 자신과 화해할 줄 안다 | 113 |
| 3-3 | 자신의 감정을 편집하지 않는다 | 121 |
| 3-4 | 과거로부터 탈출한다. | 128 |
| 3-5 | 분노를 표현할 줄 안다 | 134 |
| 3-6 | 자기 생을 낭비하지 않는다 | 141 |
| 3-7 | 기꺼이 위험에 처한다 | 147 |

## Chapter 4
인생의 주인으로 살아가기 Ⅱ

| | | |
|---|---|---|
| 156 | 자신을 사랑하고 믿는다 | 4-1 |
| 163 | 자신만을 위한 멘토가 있다 | 4-2 |
| 169 | 현재를 산다 | 4-3 |
| 176 | 신나게 놀 줄 안다 | 4-4 |
| 183 | 생각하며 산다 | 4-5 |
| 190 | 가장 원하는 자신의 모습을 그린다 | 4-6 |
| 198 | 자신을 표현한다 | 4-7 |
| 202 | 자기책임을 인정한다 | 4-8 |
| 208 | 혼자 여행을 떠날 줄 안다 | 4-9 |

## Chapter 5
인생의 주인으로 살아가기 Ⅲ

5-1 삶의 파도타기를 즐길 줄 안다　220
5-2 내 안에 열등감에 절대 동의해주지 않는다　223
5-3 경제적으로 독립한다　230
5-4 서로 다름을 인정한다　235
5-5 문제를 극복하지 않고 해결한다　240
5-6 꿩 대신 닭을 찾지 않고 스스로 칠면조가 된다　246

## Chapter 6
딸들이여! 비상하라

255　생활 속에 관계망이, 사람을 살리는 것　6-1
259　딸! 포스를 가질 것인가? 파워를 가질 것인가?　6-2
266　세상의 절반, 딸들아! 세상을 물들이라　6-3

에필로그　269

Chapter 1

한 남자의 공주로 살 것인가?
삶의 주인으로 살 것인가?

## 딸답게, 아들답게가 아니라 인간답게

흔히 딸들은 감성적이고 섬세하고 양육적인 존재로 생각된다. 반면에 남성은 이성적이고 경쟁적이고 독립적인 인물로 묘사된다. 성 역할이 여성과 남성에게 기대하는 것의 차이가 있다. 여자는 이래야 하고, 남자는 이래야 하고, 여자니까 이런 일은 하면 안 되고, 남자니까 저런 일을 해서는 안 된다고 성차별적인 고정관념으로 남녀의 차별을 만든다.

우리나라 법이나 제도는 남녀평등을 추구 하지만 개인의 '성'에 대한 가치관이나 인식은 아직도 조선시대에 머물러 있지는 않은지 점검해 볼일이다.

2013년 지역별 '성 평등 수준분석 연구' 결과 지난해 성평등 지수는 69.3점을 기록, 전년대비 0.4점 상승한 것으로 집계됐다. 빠르게 변하는 세월에 비해 상승폭은 따라가지 못하는 의식이 가장 큰 문제점으로 대두되고 있다.

21세기의 현장, 남녀의 일에 따로 구분이 없는 시대이다. 미용기술이 여성들의 전유물이었던 시대가 변해 이젠 남성들이 헤어디자이너로서 멋지게 개성을 발휘하고 있다. 일류호텔에 주방장은 모두 남성이 독점하고 있다고 해도 과언이 아니다. 남자는 의사, 여자는 간호사로 규정되어 있던 시대가 있었다. 지금은 어떤가? 과거에 나이팅게일의 모습을 우리는 간직하고 있지만 어느새 남자 간호사가 많은 활약을 하고 있다.
또한 나라의 중심축인 법조인의 여성비중은 판사가 27.4%로 가장 높고, 다음은 검사 25.4%, 변호사 19.4% 순으

로 나타났다.(2013년 기준)

이 뿐이 아니다. 지난해 절도와 명예의 상징인 육군사관학교에 여생도가 남성을 제치고 수석 졸업했다.

나의 여고동창 중에 한 친구의 말이 생각난다. 초등학교 다닐 때 수업시간이었다. 선생님이 미래에 되고 싶은 것을 말하게 하는 시간이었다. 모두들 자기가 되고 싶은 것을 이야기 하는데 한 남자아이가 미래에 대통령이 되고 싶다고 했다고 한다. 그리고는 여자 친구의 순서가 되었다. 그 친구는 망설임 없이 이다음에 크면 대통령 부인이 되고 싶다고 말했다고 한다. 순간 교실 안에는 웃음이 터져 나오고 난리가 났다. 친구가 대통령 부인이 되고 싶다는 말에 놀라움으로 웃음이 터진 것이 아니고 대통령이 되고 싶다는 그 남자친구를 좋아하는 여자아이로 오해를 받아서 웃음이 터졌다.

어쨌든 만약에 나의 여고동창이 그 시절에 딸답게, 여자답게 키워지지 않고 인간답게 키워졌다면 대통령 부인이 되겠다는 그런 꿈을 꾸지는 않았을까! 라는 생각을 해보게 된다.

스스로 자기 인생을 책임지고 독립적인 여성으로 키워졌다면 대통령 부인이 되기보다는 스스로 무언가 되는 것을 꿈꿀 수 있었을 것이다. 물론 그 여고동창은 지금 유능한 수간호사가 되긴 했지만 어린 시절 남자아이와 여자아이가 말하는 미래의 꿈이 성역할고정관념에 매여 있었던 것은 사실이다.

하지만 이젠 달라졌다. '알파걸'이란 남학생을 능가하는 능력을 갖춘 여학생을 뜻하는 신조어로, 사회 각계각층에서 여성이 두각을 나타내는 현상에서 비롯된 것이다. 여성으로 당당하게 부드러움이 경쟁력이 되는 시대이다. 자신들의 꿈을 되살리며 열심히 살아가는 파워우먼 시대를 이끌어 가고 있다. 여성, 자신의 이름을 걸고 작은 실천으로 자신을 담금질 하는 여성들이 늘고 있다.

시행착오는 부모세대에서 마쳐야 한다. 딸로서가 아니라 인간으로서 이 세상에 태어난 목적을 다시 찾아야 한다. 아무거나 할 수 없기에 배워서 해야 한다.
출구가 보이지 않는다면 틀을 깨는 수밖에 없다.

오늘도 딸로 태어나 '성평등사회'를 위한 딸들의 이유 있는 반란이 필요하다.

껍질만 알파걸이 아닌 진정한 알파걸이 되기 위한 이유 있는 반란이 더욱 당당해진다.

그동안 당연하다고 생각했던 모든 사건이나 사물을 바라보는 관점에서 폭넓은 사고를 가져야 한다. 양성평등의 시각으로 해석할 줄 알아야 남녀 간의 보다 큰 이해와 조화를 이룰 수 있다. 그래야만 딸이라는 굴레, 아들이라는 굴레에서 벗어나 인간답게 살아갈 수 있다. 우선 딸들은 여성으로서 그동안 인정해주지 않았던 가치를 찾아 스스로 자신을 높이 인정하며 능력을 발휘하는 노력을 보여줄 수 있어야 한다. 스스로의 의식의 지평을 넓히는데 동참하는 사람이야말로 행복한 사회를 이끌어 갈 수 있는 소중한 자산이라고 할 수 있다.

인간답게 사는 것이 무엇인지 올바르게 인식하며 의식을 확장시켜 나가기 위한 계기가 될 실천 행동요소를 찾아나가야 한다.

하나의 실천 꺼리를 제안하자면 딸답게 키워진 어린 시절을 돌아보며, 내가 원치 않았지만 우리 사회에서 부모나 선생님으로부터 딸은 이래야 한다는 말을 듣고 학습된 것이 무엇이 있는지 찾아보면 좋겠다.

성평등 의식을 갖는 것은 나의 삶과 더불어 우리 사회에서 여성의 능력을 발휘하는 기회제공 분위기로 경제동력이 된다.

현대는 여성의 경제활동은 물론이고 정치활동 등 사회참여가 이루어지고 있는 사회이다. 더 이상 남녀의 구분을 가지지 않고 파트너십을 가진 인간관계로의 발전이 이루어져야 한다. 딸답게, 아들답게 라는 구태에서 빠져나와야 삶의 질이 달라 질 수 있다. 이미 우리의 삶의 질이 과거와는 많이 달라져 있음을 체감하고 있을 것이다.

사회에서 여성과 남성에게 미치는 영향을 평가하고 이를 통해 정책을 결정하고 펼쳐나가고 있다. 더 이상 착하고 여성다운 '아웃사이더'로 살지 말자. 죽을 때까지 아름다운 사회의 일원으로 일하며 살아야 하는 시대이다. 자기 직업에 프로가 되기 위한 노력해야 하지만 이제는 자신의 매너리즘에 빠지기 보다는 기성의 질서에서 빠져 나올 줄 아는 '프로'가 되어야 하는 시대이다.

　내안에 여성으로, 여성답게 살아야 한다는 통념이나 태도가 있다면 그것은 삶에 부정적인 영향을 줄 수 있다. 그러한 부정적인 영향은 살아가는 내 삶에 발목을 잡는 중요한 요인이 된다. 인간답게 살아간다는 것은 더불어 살아가는 삶의 가치와 연결되어 있다.
　우리가 가지고 있는 꿈이 원대하고 옳다고 해서 다른 사람이 이루게 해주거나 저절로 이루어지는 것이 아니라는 것을 누구나 알고 치열한 현장에서 헌신적인 노력이 따라야 한다.

　"혼자 꾸면 꿈이지만 이 땅의 많은 딸들이 함께 꾸는 꿈은 성평등을 만들어내는 현실이 된다."

　더 이상 아들답게 딸답게 라는 고정관념은 과감히 깨버리고 만족하게 살아갈 수 있기까지 스스로의 몫을 위해 힘을 내야 한다.

    더 이상 딸이라서 해서는 안 되는 일이 있다거나, 경험하는 것을 포기하거나 아들답게 라는 통념에 갇혀 안 해도 되는 일을 무리하게 경험하지 않아야 한다. 누구나 자기 자신의 개성과 특성을 마음껏 펼치고 경험할 때 우리의 삶의 질은 높아지고 미래는 더욱 밝아질 수 있다.

## 신데렐라의 구두는 왜 벗겨졌나?

누구나 한번쯤 신데렐라를 꿈 꿔보지 않은 사람도 없을 것이다. 신데렐라가 과연 행복하게만 살았을까? 라는 의문은 결혼 후 아이도 낳고 살아가면서 경험해보면 알 수 있을 것이다.

왜, 하필 신데렐라는 새어머니가 있었고, 나쁜 언니들이 있었을까? 또 도움을 주려면 확실하게 줄 것이지 12시가 되면 마법이 풀리게 했을까? 게다가 그 많은 사람들 중에서 왕자님 앞에서 구두가 벗겨졌을까? 를 독자들에게 구해본다.

삼척동자도 다 아는 동화가 신데렐라이다. 어린 시절 이 동화책을 읽으면서 단 한번이라도 왜? 라는 의문을 품어본 적이 있는가? 만약 왜? 라는 의문을 품어본 적이 있다면 이미 내 삶의 주인으로 살아 갈 수 있는 힘이 있는 것이다.

자신의 운명을 개척해나가는 딸들은 이제 조건과 환경을 변화시키는 주체자로서 시대의 변화와 충격을 여유 있게 이해하고 받아낼 준비가 되어 있어야 한다.

마법에 걸리더라도 벗겨진 구두를 들고 나를 찾아오는 왕자가 있을 것이라는 환상 의 꼬드김에 더 이상 발목 잡히지 말아야 한다.

내가 원하는 신데렐라 꿈이 내가 진정 원해서 가진 꿈인지 다시 확인해봐야 한다. 어쩌면 잃어버린 내 구두를 들고 찾아온 왕자가 있더라도 그 왕자가 완전한 인간이 아니라는 점을 알고 받아들이면 된다. 그것이 온전히 자신의 선택이면 되는 것이다.

간택 되어지는 것이 아니라, 간택 하는 것으로 다시 거듭날 수 있으면 된다.

구두를 잃어버렸다면 왕자가 찾아올 때까지 결핍감과 우

울감에 시달리며 기다릴 것이 아니라 자신의 구두를 들고 있는 왕자가 어디 있는지 찾아나서는 것이다.

스스로 주체가 되어 삶을 살아가는 새로운 신데렐라를 꿈꾸는 것이라면 좋다.

상대방을 탓하기 전에 사람을 볼 줄 아는 자신의 눈을 높여야 한다.

괜찮은 남자 만나서 인생열차에 무임승차하기 보다는 자기의 그릇에 맞는 사람을 선택하고 사귀게 되면 평화로운 생활이 될 것이다. 안목을 높이는 것은 자신보다 조건 좋은 사람을 만나는 것이 아니라 자신의 눈높이에 맞는 사람을 찾아내는 것이다. 특히 딸들은 훌륭한 연애를 위해 나만의 인생관과 가치관을 확립해 놓을 필요가 있다.

배우자를 고르는 기준을 돈에 있다고 하는 사람이라면 돈 많은 사람을 찾을 것이고, 명예가 기준이면 명예가 있는 사람을 고르게 된다는 것이다. 배우자를 외적인 조건만 보고 판단

한다면 그 사람의 됨됨이를 중심으로 평가하기에 우리 딸들은 많은 이성교제를 통해 성숙해야 한다.

이성교제 시 여성들은 의존적인 태도를 보여서는 안 된다. 그것을 여성다움으로 부추기는 남자라면 버려도 아깝지 않다. 특히 우리나라 여성들은 다른 문제에는 그렇지 않은데 유독 이성 관계에서는 의존성이 나타나는 경우가 흔하다. 그래야 여자답다 라는 환경에서 성장했기 때문이다. 자신이 남자 앞에서 의존적인 존재라는 것을 깨닫게 되어야 한다. 그것은 여자이기 이전에 내가 한 인간임을 다시 한 번 확인하는 과정이다. 진짜 괜찮은 남자인지 알아보는 방법은 사실 헤어져 봐야 안다. 헤어지고 나서 어떻게 나오는가를 봐야 안다는 말이다.

서로를 성숙시켜 주는 과정으로 연애가 이루어 질 때 헤어짐은 단지 슬픔이나 상처만이 아니라 인생을 풍부하게 익히고 배우는 과정이 된다. 더 이상 이성교제가 상처로만 남아서는 안 된다. 두 사람이 연인으로서는 헤어지지만 같은 인간으로서는 다시 만나고 협력하는 관계가 되도록 해야 한다. 그런 전제를 바탕으로 할 수 있는 남자를 찾아 만남을 가져야 한다.

이제 우리 딸들에게 문제가 되는 것은 사랑에 빠지는 것이 중요한 것이 아니라, 사랑을 해나가는 과정이 중요 하다. 무조건적이고 의존적인 사랑이 아니라, 책임과 이해가 따라오는 사랑이어야 한다. 그리고 서로 성장시키고 발전시키려는 그런 사랑으로 가는 과정이 있어야 한다. 욕망의 대상이 아니라 희망의 주체가 되어야 한다.

문제는 먼저 풀지 않으면 저절로 풀어지지 않는다.
누군가가 해결해주는 것도 아니다.
자기 긍정을 가지고 주체적으로 선택하는 삶의 가능성을 열기 위해 높이 뛰어 오르자. 새로운 대안을 찾아 내 안에서 다시 꿈꾸자.

사실 가부장적 문화가 사라지지 않는 한 그 어떤 여성도 연애 앞에서 자유롭지 못한 경험을 하게 된다. 완벽한 사랑과 연애를 경험하기 어려울 것이다.
운명 같은 사랑에 빠지기 위해서는 바로 연애에 관한 환경과 조건에 맞는 자기 결정권 등 여성의 자유를 존중하는 성평등한 사회가 되어야 하는 이유도 바로 이것이다.

이제는 여러 번의 연애 경험을 부끄러워하는 세대가 아니다. 자랑스럽게 여기고 주체로서 당당하려면 연애관계에서 경험하는 자신감과 파워를 표현하는 여성들이 지금보다 더 많아져야 한다. 슈퍼우먼의 자아상에 집착하는 경우 남성 중심적 문화 속에서 소외되거나 동화되는 경우도 있는데, 더 이상 시간이 되면 마법이 풀리는 그런 요행을 바라는 것은 여성으로서 나의 사랑과 행복을 남에게 맡겨버리는 것이 된다.

변화된 생각이 여성들의 삶에서 무엇을 취할 수 있는지 그 의미 하는 것을 알아야 한다. 이것은 바로 유리 구두를 잃어버린 신데렐라가 되어 왕자를 기다리지 않아도 나의 행복은 내가 주체적으로 찾아갈 수 있는 것이다. 더 이상 남녀관계의 공식은 고정되어 있고 변하지 않는 것이 아니다. 여성들의 정체성이 주도적이고 주체적이 될수록 가능성을 확장하고 실천하는데 더 쉬워지는 것이다.

현대사회는 다양한 채널을 통해 결혼으로 이어지는 중요한 시대에 살고 있다. 소설 속에서처럼 낭만적 사랑만을 추구하는 것을 뛰어 넘어서야 한다. 사랑은 누구나 다 할 수 있다.

그러나 사랑을 통해서 나의 삶의 가능성을 넓히기 위한 사랑은 아무나 할 수 없다.

남자가 내 인생을 보상해주고 책임져 줄 '낚아야' 하는 그런 사랑이 아닌 것이다. 남자를 '낚는' 능력을 가진 여성들은 신데렐라가 되고자 하는 꿈속에서 벗어나지 못하고 있는 것이다.

미래가 불확실한 시대, 낡은 삶의 공식으로는 현재를 살아낼 수 없다. 누구의 아내로, 누구의 엄마로만 살아가는 미래보다는 스스로 개척해 나가는 미래를 더 원하고 있다. 이제 여성들은 경제적으로 의지하기 위해 남성과의 관계를 유지할 필요가 없는 시대에 발맞추어 나가야 한다.

신데렐라가 되어 마법이 풀리는 시간 때문에 벗겨지는 유리구두가 아닌 남녀관계 속에서 자신이 누구인지를 경험하고 인식하며 절대로 벗겨지지 않는 내 발에 꼭 맞는 신발을 찾아야 한다. 적어도 당당한 여성으로 인간답게 살기 위해서 하는 훌륭한 연애에는 전과자가 되어도 좋다.

## 백설 공주가 사과를 먹은 이유는?

　누구나 부러워하는 공주가 또 한 명이 있다. 바로 백설 공주이다. 동화다시쓰기라는 프로그램으로 흑설 공주라는 이름으로 새로운 관점의 공주가 태어나기도 했다. 그래도 백설 공주에 대한 향수가 더 클 것이다. 필자는 지금 백설 공주 자체를 부정하려는 것이 아니다. 백설 공주가 자기 삶을 마주하는 수동적인 태도에 태클을 걸고자 한다.

앞서 신데렐라 공주와 마찬가지로 백설 공주도 계모가 있다. 그런데 그 계모는 마술을 하는 능력자이다. 동화 속에서는 마녀로 그려진다. 게다가 신데렐라와는 다르게 백설 공주는 왕의 딸임에도 자기 인생을 자기 스스로 개척하지 못하고 (요즘 재벌 2세의 황금경영처럼 갑 질을 하라는 말은 절대 아니다.) 마녀의 꼬임에 빠져서 독이 든 사과를 먹고 잠이 들어 버린다.

이웃나라 왕자가 지나가다가 키스를 해주고서야 마법에서 깨어난다. 그리고 자신들보다도 더 어려운 형편일 수도 있는 난장이들에게 도움을 받으면서 살아야 하는 아주 무능력한 것으로 그려진다.

스스로 자기 인생을 개척하지 못하는 백설 공주가 비단 동화 속에서만 존재하는가? 주변에 백설 공주 아닌 백설 공주가 많다. 나 스스로도 백설 공주처럼 남자에게 돌봄을 받아야만 살 수 있는 그런 삶인가! 마녀가 주는 독이 든 사과를 선택의 여지없이 그냥 먹는 어리석은 공주는 이제 남성들도 싫어한다. 누구보다 바르고 자신의 위치와 현실을 바로 아는 공주를 좋아한다.

능력 있는 여자에게는 마녀라는 딱지가 붙을까 두려워 능력을 스스로 감추고 있지는 않은가? 나보다 더 힘이 없는 사람, 또는 남자에게 도움을 받아야만 살 수 있는 그런 삶은 아닌지를 더듬어 살펴보고 새롭게 인식할 수 있어야 한다.

자기만족 보다 타인에게 보이기 위한 성형은 하지 말아야 하는 것과 같다.
어차피 인생은 나 말고는 모두 다 타인이다.
나를 제일 잘 아는 사람도 나 자신이다.
나를 제일 잘 위로해줄 수 있는 사람도 나 자신이다.
내가 어떤 일을 잘하고 어떤 일을 힘들어하는지도 알고 있는 사람은 세상에 나 밖에 없다. 나를 제일 잘 아는 나한테 인생을 맡기는 것이 아니라. 이 세상에 있지도 않은 허울 뿐인 백마 탄 왕자를 기다리고 그 왕자에게 인생을 맡기고 허비하는 시간을 버려야 한다. 내 앞에 주어지는 삶을 무조건 당연하다는 듯이 받아들이지 않겠다는 스스로의 선언이 필요하다.
"그냥 세월에 떠밀려 살아가지 말자."

내 인생을 살아가면서 무언가를 얻기 위해서는 무언가를 포기해야 한다는 반대급부를 생각할 줄 알게 되면 새로운 시야가 열린다. 내가 희생자의 입장에서 벗어날 수 있게 된다.

백설 공주의 새엄마는 늘 거울과 이야기를 했다. "거울아, 거울아. 이 세상에서 누가 제일 예쁘지? 라고 묻는다." 이러한 칭찬을 이제는 자신에게 해주어야 한다. 객관자의 미의 틀이 아닌 자신의 개성과 능력의 미로 칭찬받아야 한다.

내 존재가 타인, 그 누군가에게 흡수되지 않고 자신이 무엇을 원하는지 눈치 챌 수 있게 된다. 어떠한 상황과 어떤 관계 속에서도 나를 잃지 않을 수 있어야 한다.
새 옷이 없고, 가방이 없어 어울리지 않는 다는 생각 때문에 모임에 나서고 싶은 자리에서 망설이지 말아야 한다. 외형적 미는 돈으로 해결할 수 있지만 내적인 미는 절대 따라 할 수 없는 매력을 가지고 있다.
"분명한 것은 개성 없이 예쁜 여자 보다 개성을 가진 매력녀가 훨씬 더 아름답다."

타인을 내 마음대로 통제하기는 어려워도 자신의 행동이나 태도는 통제가 가능한 범위이다. 사실 알고 보면 순간순간이 스스로의 선택이었다.

누구 때문에, 부모님 때문에, 친구 때문에, 자신을 불행의 늪 속으로 몰린 것 같지만 실제로는 책임이 내게 있는 선택인 것이다. 지금까지의 모든 일들도 자신의 선택이었음을 인정하게 되면 새로운 선택을 시작할 준비가 된다. 물론 하루아침에 완벽하게 변화하지는 않는다. 변화 한다는 것은 눈을 뜨고, 또 어떤 날은 마음에 새겨두고, 때론 행동으로 옮기게 되면서 점차적으로 변화가 된다. 행복한 삶을 이루기 위해 자신의 능력으로 개척해 나가는 자기 긍정이 필요하다는 것이다. 내가 내 삶에 주체가 되기 위해 자신을 향한 발걸음을 재촉하기 위한 용기로 아름다운 내 삶의 주인이 되는 것이다.

나의 삶, 특히 자신의 결혼은 어떤 것이어야 한다는 분명하고 확실한 견해를 가지고 있어야 원하는 삶을 함께 할 파트너를 만날 수 있다.

자기 삶을 직접 운전하는 백설 공주로 다시 태어나자, 미진하고 만족스럽지 못한 삶을 팔자나 운명으로 돌리지 말자. 그래야 동화 속에 공주가 '아주 오래도록 행복하게 살았습니다.' 라는 말이 단순하지 않다는 것을 미리 알게 된다.

백마 탄 왕자를 만났다고 해서 무조건 행복해지고 인생이 저절로 멋지게 펼쳐지지 않는다.

타인에게 내 인생을 맡기는 것이 무엇이 그렇게 행복할 것인가, 생각해 보면 저절로 답이 나오지 않는가!


백설공주가 난장이들이 도움을 받으며 살아가는 것은 공주니까 당연하다는 식으로 받아들였다.

여성정책 패러다임 변화에 동참하는 딸로 여성의 발전적 모태가 되어야 한다.

여성들이 주체적으로 살아가는 데 긍정적인 에너지가 되는 것이 무엇이 있을까? 우리는 그것을 찾던 일상을 보면 더 이상 남성이 우리 여성들을 구원해주지 않는다는 것을 엄마나 인생선배들을 통해서 보아 왔지 않는가?

여성이 스스로 자신이 원하는 것을 탐색해 나가고 발견해 나갈 수 있어야 한다. 그래야 독이 든 사과를 먹고 백마 탄 왕자가 나타날 때까지 나보다 취약한 사람들에게 도움 받으며 살아가지 않을 수 있다. 그러한 긍정적인 힘을 얻기 위해서는 실천할 수 있는 행동부터 실천해야 한다. 첫째로는 나 자신이 무엇을 원하는 것인지 늘 관찰해야 한다. 둘째는 나 자신이 원하는 것을 관찰을 통해서 용기를 가지고 경험을 해야 한다. 그러한 경험을 통해서 생각의 자유로움을 만끽 하는 훈련이 필요하다. 부모나 사회가 원하는 지금까지 관찰, 용기, 경험이 아니라, 나 스스로 원하는 것이 되어야 한다.

내 삶과 내 인생을 타인의 잣대를 가지고 키우고 있지는 않는지 꾸준히 살펴야 한다.

## 선녀는 왜 목욕하러 내려 왔나?

어려서 읽은 동화책 중에 '선녀와 나무꾼'은 누구나 다 읽어본 책이다. 초등학교에 가서 물어보았을 때 한 반에서 한 두 명이 모르고 모두 알고 있었다. "선녀와 나무꾼이라는 동화책에 나오는 나무꾼은 어떤 사람인 것 같아요?" 성폭력예방교육 시간에 질문을 받은 어린이들의 대답은 '착한사람' '선량한 사람' '사슴을 구해주고 홀어머니를 모시고 사는 효자' 라고 대답한다. 그래서 선녀는 어떤 사람이냐고 물었다. 대부분의 아이들이 '착한 나무꾼을 혼자 놔두고 아이들만 데리고 하늘나라로 간 나쁜 사람'이라는 의견이다. 몇 몇의 아이들은 생각을 해 본적이 없다는 듯한 표정이다.

'선녀와 나무꾼'이라는 전래동화에서 선녀의 의사는 어디에도 없었다. 단지 두레박을 타고 하늘나라로 가기로 선택한 것 때문에 불쌍한 나무꾼을 두고 떠난 좋지 않은 이미지가 남아있는 것이다.

실제로 나 자신이 선녀였다면 어땠을까 생각해본다. 그 연못에서 목욕을 하다가는 누군가 가 와서 옷을 가져 갈 것이라는 정보를 미리 들었다면 과연 그 연못에 목욕을 하러 내려 왔을까? 또 내가 만약 선녀라면 내 목욕하는 모습을 누군가가 엿본다면 그때 기분은 어떨지 생각해봤는가? 요즘 초등학생들에게 다시 물어본다. 남의 물건을 말없이 가져오는 것은 '도둑이예요'라고 한목소리로 말한다. 내가 목욕하는 것을 누군가가 몰래 훔쳐보고 있을 때의 느낌은 어떨 것 같은가? '소름 끼쳐요', '무서워요', '변태 같아요.' '성폭력 이예요'라고 소리 높여 외친다. 초등학생들의 대답이 틀린 말이 아니지 않는가! 현실에서 누군가의 옷을 말없이 가져갔다면 그것은 절도나 다름없다. 또 누군가의 목욕하는 모습을 몰래 훔쳐 본다면 그것은 성폭력에 다름 아니다.

친절한 목소리로 날개옷을 잃어버려 울고 있는 선녀에게 "우리 집에 가서 살자"라고 말했겠지만 인신매매나 다름없지 않는가! 이 이야기를 어떤 관점에서 읽었느냐에 따라서 삶을 살아가는 자세에 엄청난 차이가 있다.

어린 시절 전래동화로서 '선녀와 나무꾼'을 감명 깊게 읽거나 들었을 것이다. 이제 다른 관점에서 다시 읽어야 한다. 불쌍한 나무꾼을 두고 떠난 선녀에게 그 누가 돌을 던질 수 있나?

어머니에게는 효자였을지 몰라도 더 이상 절도와 성폭력과 인신매매에 준하는 행동을 한 나무꾼을 불쌍한 사람이라고 보는 시각을 거두어야 한다. 새롭게 다시 눈을 떠야 한다.

동화 속에 나무꾼을 현실에서도 곳곳에 있을 수 있다. 구별할 줄 알아야 한다. 그렇지 않으면 평생 날개옷 저장 잡히고 사는 선녀일 수 밖에 없다.

'선녀와 나무꾼'이라는 동화책에는 선녀 자신의 의사는 찾아볼 수가 없다. 선녀는 숨 쉬고 살고 있으나 선녀는 온통 두고 온 하늘나라를 그리워하면서 살 뿐이다. 그 선녀를 비난하고자 하는 것이 아니다. 동화 속에서 선녀만 말하지 못하고 사는 걸까? 현실에서도 선녀처럼 자신의 의사를 당당히 표현하지 못하는 경우는 없는가? 선녀의 잘못만이 아니다. 선녀의 입장에서 말할 수 없는 사회구조가 숨어 있다. 분명히 우리 삶을 가두는 보이지 않는 틀이 있다. 그 틀이 있음을 깨닫고 그 틀을 깨야 한다. 그렇게 쓰여진 동화책을 당연하다는 듯이 읽었던 어린 시절로 다시 돌아가지 못하더라도 이제라도 내가 선녀였다면 그 심정이 어떠했을까를 다시 생각해보자는 것이다. 나무꾼의 입장이 아니라 선녀 자신의 입장에서 재해석을 하자는 것이다.

평생 동안 하늘나라에 두고 온 부모님과 친구들은 얼마나 그리웠을까, 낯선 땅에서 얼마나 두렵고 외로웠을까!
자식들을 낳고 살면서도 진정 행복했었다면 과연 날개옷을 받자마자 하늘나라로 올라가고야 말았을까? 혹시라도 내가 동화 속 선녀처럼 살고 있는 것은 아닌지 둘러보자. 만약 내가 선녀와 비슷하다면 지금 즉시 숨겨진 날개옷을 찾고 훨훨 날아오르기를 시도하자.

남들이야 뭐라고 말하든 상관하지 않기로 마음먹어보자. 마음먹고 나서 세상이 어떻게 변하는지, 정말 큰일이 나는지 기다려 보자. 절대로 나쁜 일은 일어나지 않는다.

내가 의도하지 않았는데 타인에 의해서 잃어버린 선녀의 날개옷이 있다면 지금 당장 다시 찾자. 다함께 목욕하러 내려왔는데 나만 재수 없게 옷을 잃어버린 것이라고 운명으로 돌리지 않아야 한다. 그리고 동화 속에서 훔쳐보는 나무꾼에게 아무 말도 하지 못한 선녀의 수치심을 대신해서 그것은 폭력이었다고 당당히 말할 수 있어야 한다. 그래야 다시는 날개옷을 잃어버리는 일이 없다.

이제 나의 날개옷은 내가 보존 관리하는 삶이어야 한다. 비상할 수 있는 내 삶의 날개옷이 있다면 그것은 온전히 내가 보관해야 하는 것이 맞는 것이다. 왜 타인에게 맡겨야 하는가? 아니 타인에게 맡길 수밖에 없는 그러한 상황은 전설 속에 나오는 선녀 한명으로 족하다.

    여성들은 자신의 삶을 긍정하는 것을 매우 어렵게 생각했다. 하지만 없어질 것을 생각해서 두 벌 세 벌 마련해 놓지 않더라도 이제는, 나의 날개옷이 없어졌다 해도 울면서 어쩔 수 없다고 체념하면서 나무꾼을 따라가서 한스럽게 살아가는 삶이 아니어야 한다.

    날개옷이 없어진 것에 대해 알아내고, 단순히 없어졌다고 수동적인 자세로 울 것이 아니라 누구의 짓인지 알아봐야 하고 또 더 나아가 다른 사람의 옷을 가져간 것은 '절도' 임을 당당히 알릴 수 있는 힘이 있어야 한다. 그러한 힘을 가지고 살아갈 때만이 내 삶의 가능성도 더욱 폭 넓어지고 미래의 불확실성도 줄어든다. 나를 움직이는 내 삶은 내가 통제 가능하기 때문이다. 그러한 힘은 타자 화된 삶을 나의 삶으로 되돌려 찾아오는 것이다.

    삶의 가능성의 영역을 확장하기 위해서 나의 당당함을 드러내는 상상을 하는 것이다. 주도적인 내 삶의 상상은 현실로 나타나게 된다.

불만을 하거나 후회를 하는 삶이 아닌 자기주장을 분명히 하는 삶이어야 한다. 지금은 자기주장을 못하는 것이 오히려 잘못된 사회의 일원이다. 자기주장을 하며 사는 여성이야 말로 내 삶의 지휘자가 될 수 있고 나아가 자신은 물론 타인에게 까지도 영향력을 미칠 수 있는, 자기실현의 길이다. 개인적인 여건이 어떻든 간에 나의 삶을 멋지게 당당하게 주도적으로 살아가야 할 의무가 있고 거기엔 변명의 여지가 없다.

어쩌면 지금 나에게 닥친 현실을 내 편으로 만들며 살아가는 것일 수도 있다. 이 세상에 모든 여성들이 다 당당하고 주도적으로 살아야 하면 좋겠지만 적어도 이 책을 읽고 있는 당신만은 그렇게 살았으면 좋겠다.

무엇이 여성을 여성답게 하는가에 대해서 많은 고민이 필요하다. 바로 나 자신의 삶의 지평을 열어가기 위한 끝없는 자기와의 경주이다. 이러한 경주를 해 나가는 여성들은 마음 가는 대로 선택을 했는데도 만족스러운 결과를 얻게 되는 경지가 된다.

우리 어머니들이 그랬듯이 자신의 불행한 선택을 하게 되는 상황을 '운명'이라거나 '팔자'라고 받아들이며 살지 않고 태클을 걸 수 있어야 한다. 운명까지 내 편으로 만들어 버릴 수 있는 방법은 바로 자기 자신을 잘 알고 주도적인 삶의 지휘자가 되었을 때 가능하다.

## 백마 탄 왕자를 기다리는 소녀들에게

어린 시절에 읽었던 동화속의 공주들의 마지막은 스토리는 늘 '오랫동안 아주 행복하게 살았답니다.'로 끝이 난다. 이제는 어떻게 행복하게 살았는지를 파헤쳐 봐야한다. 누구 입장에서 행복했던 것인지를 알 필요가 있다.
 더 이상 동화속의 공주 콤플렉스는 버리자. 그럼 이제 다시 평강공주 병에 걸릴 것인가?

바보 온달을 장군으로 만드는 평강공주 콤플렉스도 벗어나자. 백마탄 왕자를 만나게 되든, 바보온달을 만나게 되던, 내 인생은 내가 책임지며 살아가는 것이 중요하다. 왜냐하면 왕자나 바보온달이나 그들도 감정적으로나 심리적으로 똑같은 한 인간이라는 점이다. 어쩌면 여성들보다 더욱 더 큰 콤플렉스를 가지고 있을 수도 있다. 그들도 나와 같은 인생을 고민하고 삶을 살아나가기 바쁘다는 것이다. 중요한 것은 백마 탄 왕자를 구하는 것이 중요한 것이 아니라, 삶을 대하는 태도, 미래의 가치관이 중요하다. 더불어 자신을 잘 이해하고 상처를 스스로 위로 하며 치유의 필요성을 실천 하는 것이다.

왕자를 만나지 않고도 행복하게 살았다는 동화책을 읽고 자랐다면 어땠을까? 이렇게 관점을 바꾸어줄 수 있는 동화책을 만나기 위해서 그동안 '말 된다'고 하였다면 이제는 뒤집어 보자. 정말 말이 되는 이야기인지 여자 입장에서 봐야 한다.
세상에 자신도 의식하지 못하는 일들의 편견이 존재한다.

편견의 대상에는 무심히 보아 넘겼던 것에서 편향적으로

성장하게 한다.

항상 문제의 중심에서 생각해보고 선택할 수 있는 습관을 길러야 한다. 불안한 시대에 해결책으로 여성들의 돌봄만을 강조하는 사회현상에 저항할 수 있는 힘이 바로 자아정체감이 뒷받침 되어야한다.

백마 탄 왕자를 만나는 소녀들의 꿈꾸던 시대가 있었다면 현대에는 개인의 재능이나 관심사 등을 최대한 발휘할 수 있는 시대이다. 여성이라고 해서 능력이나, 미래에 대한 꿈을 접고 희생하는 사회가 아니다. 혹시라도 왕자를 기다리느라고 그동안 묻혀진 꿈이 있다면 얼마든지 다시 펼쳐 나갈 수 있다.

앞서간 여성의 가사노동과 역할분담에 있어 아직까지 사회에서 여성의 활동을 비하하거나 불편해 하는 분위기가 많다.

지난 2월9일자 모 신문에 "10분만 더 공부하면 아내의 얼굴이 바뀐다.", "대학가서 미팅할래? 공장가서 미싱 할래?"가 떴다. 이와 같은 표현이 아직까지 나돌고 있다는 사실만 봐도 여성이 우리사회에서 어떤 환경에 살아가고 있고, 물질과 외모 지향주의가 얼마나 심각한지 어처구니없다. "성별·학력·직업 등을 차별하는 인권침해"라고 주장이라는 시민운동 단체만 문제를 삼을 것이 아니라 여성 한 사람 한 사람이 나서야 한다. 이러한 표현이 학력과 학벌에 의해 우월주의 적이고, 정신을 황폐화 시키는 차별적 요인을 담고 있다.

사랑에 의한 만남이 아니라 황금이면 다 된다는 물질만능주의에 타락이 어디까지 갈 것인지 심히 걱정스럽다. 하지만 자신의 미래가 누구에 의해서 선택되기를 기다리는 공주로 남기에는 세상에는 넓고 할 일은 많다.

어느 날 꿈에서도 그리던 왕자를 만났다면 검증해야한다. 예를 들어 자신의 헤어스타일이나 옷 입는 취향을 바꾸게 하는 왕자라면 지금 당장 버려라. 나의 관심거리나 나의 친구들까지 포기하기를 강요하는 왕자라면 정말 다시 생각해봐야 한다. 살아가면서 사안에 따라서 어느 정도의 타협과 양보는 필요하다. 하지만 이제 더 이상 왕자의 생각에 순응하는 습관이 몸에 배어 버리기 전에 일방적인 양보를 하지 말아야 한다.

왕자가 통제해주는 삶이 아닌 자신의 인생을 스스로 통제하고자 하는 여성의 표현을 받아줄 줄 아는 왕자라면 괜찮다. 아니라면 다른 대안을 찾아가는 삶을 살아가자.

어딘가에 백마 탄 왕자가 있을 것이라는 잠재의식을 뛰어넘어 인생의 소유권을 타인에게 넘기지 말자. 그리고 삶이 어떻게 펼쳐 질것인지에 대해서 두려워하지 말자. 자신이 원하는 일은 무엇이든 다 할 수 있다고 자기 충족 예언을 하면 큰 힘을 얻게 된다.

좌절감이나 상실감에 빠져 있기보다는 새로운 삶의 기회에 초점을 맞추는 것이 희망이다. 있지도 않은 백마 탄 왕자를 마냥 기다리는 것 보다 훨씬 더 값있는 삶의 지름길이다.
왕자를 기다리는 것을 접는다면 자아 발견과 내 삶을 온전히 책임지고자 하는데서 오는 기쁨이라는 큰 선물이 올 것이다. 백마 탄 왕자는 없다. 백마 탄 남자만 있을 뿐이다.

우리는 종종 나 자신을 아주 쉽게 무시하는 경우가 있다.

어떤 때는 무시하고 있다는 것조차 인지하지 못하며 무시하기도 한다.

나의 능력을 과소평가하기도 하고 포기해 버리는 경우도 허다하다.

그 누가 뭐라 해도 나의 삶을 바꿀 수 있는 힘은 바로 내 안에 있다는 것을 잊지 말자.

내 안에는 상상할 수조차 없는 많은 보석 같은 잠재력이 있다

무의식에 깔려 있는 내 안의 잠재력을 무의식 밖으로 꺼내 오는 훈련으로, 의식 밖으로 나온 내 안의 힘은 나의 삶을 바꾸어 줄 것이다.

혹시라도 백마 탄 왕자님을 기다리다 지쳐서 역시나 운명은 내 편이 아니라고 좌절하고 있을 여성들이라면 더욱더 나 자신을 사랑하는 것부터 시작해야 한다.

나 자신을 사랑하는 실천이 있을 때만이 나에게 걸림돌처럼 있는 불평등을 해소할 기회가 주어지는 것이다.

젊은 여성이라면 특히 내 삶을 어떻게 바라보고 어떻게 보

내느냐에 따라서 삶의 질이 달라진다. 오지 않을 왕자를 기다리는데 아까운 시간을 다 허비하기보다는 다른 길을 찾아서 갈 수 있는 목적지를 다시 정하는 일이 중요하다.

확실한 목적지가 있는 여성은 어떤 어려움이 닥쳐도 두려워하지 않는다. 우리를 정말 두렵게 만드는 것은 이 세상이 아니라 불확실하고 목적지가 분명하지 않고 보이지 않는 세상일 뿐이다.

어쩌면 막연한 현실이 두렵고 마주하기 싫어서 실체도 없는 백마 탄 왕자를 기다리는 것은 아닌지 점검이 필요하다.

백마 탄 왕자가 공존하는 세상을 택할 것인지, 아니면 왕자를 만나지 않고 평범한 사람을 만나도 행복할 수 있는 길을 택할 것인지는 주인만이 선택의 권한이 있다.

이왕이면 목적지가 분명한 긍정적인 세상을 살기로 선택하면 좋겠다. 그런 세상은 없을 거라고 미리 겁먹고 미리 재단하지 않았으면 좋겠다. 새로운 삶의 지평이 열리는 세상을 만나기도 전에 거부하지 않았으면 좋겠다.

더 이상 동화 속에 나오는 해피앤딩 이야기에 마음을 뺏기지 않는 딸들이 많아졌으면 좋겠다.

　동화 속에 나오는 왕자들을 만난다면 그들과 내가 원하는 삶에 대한 이야기를 나누어 왕자 검증에 들어 갈 수 있는 힘을 갖고, 왕자의 가슴 중심에 나를 두지 말고 이 세상의 중심에 나를 두자.

# Chapter 2

성! 아는 만큼 자유롭다

## '성에 대한 지식'이 아니라 '성에 대한 태도' 배우기

 '아는 것이 힘이다'. 라는 말이 있다. 하지만 우리 부모세대는 성에 관한한 '모르는 게 약이다'라고 생각하며 살았다. 하지만 오늘날 청소년들은 성에 대해서 성인 이상 알 수 있는 정보사회에 살고 있다.
 굳이 스스로 성에 대해서 알고자 하지 않아도 무차별적인 스팸정보가 엄청나게 쏟아진다.

이러한 현실에 학교에서 실시하는 성교육은 청소년들의 호기심을 채우기는 역부족으로 생물학적인 교육이 대부분이다.

학생들이 학교에서 생물학적인 성교육을 많이 받아서 성에 대한 지식은 어른들보다도 더 잘 알고 있다.

초등학교 1학년생에게 성교육을 했을 때의 일이다. 한 여자아이의 질문이 있었다. "선생님, 엄마의 몸속에 있는 난자와 아빠의 몸속에 있는 정자가 만나서 애기가 되고 그 애기가 태어나서 내가 된 것은 알겠는데요, 어떻게 만나는 거예요?" 라는 질문이 있었다. 그때 1학년 같은 반 남자아이가 킥킥 웃으면서 부끄럽고 창피해한다. 무언가 숨겨야 하고 극비를 이야기 한 듯이 킥킥 거리는 아이들이 여기저기 나온다. 이처럼 성에 대해서 궁금해 하거나 알려고 하는 것은 당연한 일인데 성에 대해 이야기 할 때 우리는 왜 감추고 창피해 하는 문화가 되었을까? 궁금한 성에 대해서 외면하게 되고 감추게 되면 자신에 대한 이해와 준비 없는 성적인 행동들로 인해서 죄책감을 느끼는 등, 여러 가지 사회적인 문제가 될 수 있다.

위의 사례에서 보듯이 초등1학년생들이 이런 모습에서 나는 '성에 대한 지식'이 아니라 '성에 대한 태도'를 가르쳐야 함을 다시 한 번 강조하게 되었다.

인간의 기본욕구는 식욕, 수면욕, 성욕이 가장 대표적인 욕구이다. 우리는 적어도 정상적인 생활을 하는 것을 기준으로 한다면 배가 고프다고 해서 아무데서나 아무거나 손으로 마구 먹진 않는다. 유치원시절부터 식사예절을 배운다. 숟가락과 젓가락 사용법도 배운다. 잠이 온다고 해서 아무데서나 아무렇게 잠을 자는 경우도 없다. 이렇게 인간의 기본욕구도 타인에게 피해가 되지 않도록 어려서부터 교육을 받고 훈련하며 학습하게 된다. 식욕과 수면욕은 혼자서도 할 수 있다. 그런데 성욕에 대해서는 언제 어떻게 배웠는지 다시 생각해봐야 한다.

성욕은 자위행위로 스스로 성 욕구를 해결하는 자연스러운 방법이 있긴 하지만 성욕은 혼자서 해결하는 것이 아니라 사랑의 관계 속에서 이루어진다. 그렇기 때문에 여성과 남성이 서로 적절하고 평등한 관계에서의 의사소통을 해야 한다.

상대방과 의사소통이 되지 않는 말과 행동은 상대방에게

폭력이 된다. 누구나 화가 난다고 상대방을 다 때리지는 않는다. 그렇듯이 누구나 다 성 욕구를 느낀다고 무조건 성적인 행동을 하지는 않는다. 적어도 정상적인 인간이라면 성은 책임지는 것이다. 성에 대해서 많이 알수록 책임감이 생긴다. 나는 많이 알고 있는데도 책임감이 생기지 않고 여전히 호기심이 생긴다면 그것은 왜곡되게 잘못 알고 있다는 뜻이다. 성에 대한 지식은 책이나 인터넷에서 쉽게 검색된다. 성기의 명칭, 인체의 구조 등 생물학적인 성지식이 중요한 만큼 성에 대한 태도를 학습해야한다.

성에 대한 태도는 '성 역할 고정관념'을 가진 상태에서는 제대로 배울 수가 없다. 고정관념과 편견을 가진 성에 대한 태도는 나도 모르게 가해자가 되어있거나, 나도 모르게 피해자가 되어 있을 수 있기에 매우 위험하다. 내가 가지고 있는 성역할에 대한 고정관념은 어떤 것이 있는지에 대해서 충분히 이해를 하고 나서 성에대한 편견을 극복해야 한다. 그래야 성에 대한 태도를 올바르게 가질 수 있다. 흔히 가지고 있는 고정관념으로는 남자는 이래야 하고, 여자는 이래야 한다. 라는 것들이다. 내가 가지고 있는 성역할 고정관념은 어떤지 생각해 보아야 편견을 깰 수 있다.

나는 어떤 성차별적인 언어를 사용하고 있는가?
나는 어떤 성역할 고정관념에 얽매인 행동을 하였는가?
나는 성차별적인 문화에 대해 어떻게 비판적으로 사고하였는가? 에 대해 자신의 성찰이 필요하다.

## 사춘기에 준비해야하는 3가지!

인간이 동물과 다른 점은 인간에게는 사춘기가 있다는 것이다. 사춘기 때는 몸과 마음의 변화가 제일 많이 일어난다.

이렇게 신체가 급격하게 변화하는 만큼 성숙해지는 속도가 빨라진다.

다시 말해서 사춘기는 육체의 변화를 통해 자기 존재를 깨닫기 시작하는 때인 것이다. 그 변화로 타인과의 비교나 허세를 부리기도 하고 자유로움을 갈망한다. 또한 부모의 간섭에

민감하며 반항심도 생긴다. 고민과 갈등이 당연히 생기는 시기이기도 하다. 그러다보니 심리적 불안감도 있다. 자신이 스스로 심리적으로 불안감이 있다는 것을 의식할 수 있다면 별 문제 없이 잘 헤쳐 나갈 수 있다.

그렇지만 사춘기 시절에 고민 없이 보낸다면 그것은 농부가 이른 봄에 밭에 씨를 뿌리지 않는 것과 같은 것이다. 고민을 많이 할수록 인생을 살아가면서 선택하는 힘도 생기고 선택의 폭도 넓어질 수 있는 것은 많다. 이렇다 보니 청소년기를 질풍노도의 시기라고도 한다.

몸은 어른인데 실제로는 어른도 어린이도 아닌 것이다. 참으로 어정쩡한 성숙기임에도 황금기라고하며 이때 자아정체감을 형성시켜 나가야 한다. 황금기를 잘 준비하면 성숙한 인간으로 인생을 성공적으로 살 수 있다고 한다.

자아 심리학자이며 정신분석학자인 에릭슨 이론에서는 청소년 시기에 공부 잘하는 것 보다 더 중요한 세 가지를 들었다. 사춘기에 준비해야 하는 것의 그 첫째는 직업관이다. '나 같은 게 무슨 직업이야, 그냥 대충 아무 일이나 하게 되면 하지 뭐'라고 생각할 것인지, 아니면 "어떤 직업, 어떤 일을 할 것인가! 나는 어떤 일이 진정 하고 싶은가!"를 끊임없이 고민하고 토론해야 하는 것이다. 물론 일하지 않고 돈 만 벌기 위한 직업을 찾는 것은 안 된다.

사춘기에 준비해야하는 것 그 두 번째는 바로 사회관이다. '이 사회에 한 사람으로 나는 중요하며, 어떤 사람으로 살아야 하나'를 끊임없이 고민해봐야 하는 것이다. '나 하나 없어도 세상에는 아무 일도 일어나지 않으니까 나 같은 것은 있으나 마나 하지 뭐'라는 생각을 해서는 안 되는 것이다.

마지막 세 번째는 바로 이성관이다. 이성에 대해 올바르고 정확한 가치관을 가지고 있어야 한다. '나 같은 게 무슨 복으로 좋은 배우자를 만나겠어, 대충 아무나 만나서 살면 되는 거지 뭐'라고 생각하면서 보낼 것인지, 아니면 좋은 친구를 만나기 위해서 나부터 좋은 친구가 되기 위해 노력하고 건강한 교제를 할 수 있어야한다.

인생의 황금기라 부르는 사춘기에 이 세 가지를 위해서 끊임없이 공부하고 토론하고, 고민하고 생각하기를 게을리 하지 않아야 한다.

사춘기의 청소년들을 어른들이 걱정하는 이유는 브레이크 없는 자동차와 같기 때문이다. 걱정은 당연하다. 겉으로 보기에는 멋진 자동차의 외관을 가졌지만 내부에 브레이크가 없다면 얼마나 위험한 일인가! 속도 내며 달리면 달릴수록 위험해 질 수 밖에 없는 것이다.

이러한 브레이크를 장착하기 위해서 사춘기에는 어른이 되기 위한 마음의 준비가 필요한 시기다.

물론 이렇게 중요한 사춘기에는 여자는 여자답게, 남자는 남자답게 보다는 개인의 특성과 개성에 따라 '인간답게' 성장하도록 '방향제시'를 해주는 것이 중요하다.

사춘기는 '나는 누구인가?' 라는 물음이 시작되면서 신체에 대해 자각이 많아지고 자신감을 결정짓는 시기이기도 하다. 이때 자기 자신의 특성과 개성을 살릴 수 있도록 하는 것이 바로 인간답게 사는 것이다.

## 이성교제! 동상이몽?

　특별히 좋아하는 사람이 아닌데도 어쩐지 무엇인가 해주어야 할 것 같은 느낌이 드는 사람에게 싫다고 말하는 것은 무척 힘든 일이다. 특히 이성교제를 하는 사이라면 더욱 그러하다. 내가 원하지 않는 일이나 행동을 요구할 때는 두려워하지 말고 싫다고 말할 수 있어야 한다.
　그렇게 하려면 자기가 거절하는 이유가 확고해야 한다.

그렇지 않으면 결정을 내리는 주체가 되지 못한다. 당신의 목소리에서 당신의 단호함이 묻어 나와야 하는데 늘 끌려 다니게 된다. 내가 지금 상대에게 감정적으로 끌려 다니고 있다는 사실 조차도 알아차리지 못하기도 한다. 상대가 나를 사랑하기 때문에 내가 어쩔 수 없이 받아줘야 하는 것으로 착각하기도 한다. 나의 생각이나 나의 의지는 상대의 사랑한다는 말에 다 묻혀버리기 일수다. 내 생각인지, 타인의 생각에 강요당함인지 살펴봐야 한다.

더 이상 어른들이 걱정하듯이 위험한 관계가 되지 않기 위해서 이성교제가 바로 인간관계임을 다시 새겨야 한다. 좋은 인간관계가 되기 위해서 방법이 있다. 상대의 '성적인자기결정권' 을 인정하는 것이다.

특히 이성 교제 시에는 성에 대한 행동이 있기 마련이지만 성적 욕구 해소방법이 다르다. 남성은 성행위를 함으로써 성 욕구를 해소해도 된다고 암묵적인 사회의 합의가 있었다. 물론 일방적인 합의이다. 남자는 다 늑대이고 여자는 다 여우라고 말하는 사회에서는 성적인 자기결정권이 보장 될 수가 없다는 뜻이 내포되어 있다. 나의 성적인 행동으로 타인이 상처받는 것은 있어서는 안 된다고 어려서부터 바른 성교육을 받았다면 늑대가 아닐 수 있는 것이다. 늑대라는 통념을 깨지 않는 상태에서 청소년기 발달과업으로 생각하는 이성교제를 경험하게 된다. 청소년기에는 특히 사랑해서라기보다는 충동에 의해 스킨쉽이 이루어진다.

예를 들어보겠다.
남녀가 데이트를 한다.
밤하늘에 별이 반짝반짝 빛나고 있다. 바람도 시원하게 분다. 공원벤치에 앉아서 손잡고 이야기를 나누고 있다. 생각만해도 참으로 아름다운 풍경이다. 이때 남녀가 같은 생각을 하고 있다면 더없이 아름답고 행복한 시간이 된다.
이 상황을 요즘 중고생들에게 질문을 던졌다. 여자는 멋진 드라마의 여주인공 같다는 생각을 하고 있다. 동시에 남자는 무슨 생각을 할까? 라고 물었더니 남학생은 물론 여학생들도 한 목소리의 말이 나온다. "지금 키스를 할까? 조금 있다가 할까?"라고 진도 나갈 생각을 한다는 것이다. 이렇게 남녀의 성에 대한 생각은 같은 상황, 같은 자리에서도 서로 다른 생각을 하고 있다. 당연한 거 아닌가! 라고 생각해서는 안된다. 특히 성에 대해서는 더욱 당연하지 않다. 사실 남자가 진도를 나갈 생각을 하는 것이 무엇이 나쁘냐고 반문할 수 도 있을 것이다. 하지만 이러한 꿈은 서로에게 돌이킬 수 없는 상처를 주게 된다.

또한 남녀로서도 그렇지만 인간으로서 진정한 만남이 되기 어려운 것이다. 그래서 이성 교제시에 동상이몽에 대해서 함께 이야기하는 공적인 자리에서의 토론이 중요하다.

우리 사회는 성에 대해서 공적인 자리에서 이야기하는 것을 꺼려한다. 대신 사적인 자리인 뒷담화에서는 주로 음담패설이 심심치 않게 오간다. 그러다 보니 성은 양성화되기 보다는 음성적으로 활동하고 있다. 뒷담화는 매우 위험하다. 바른 표현을 해도 왜곡되게 받아들이는 용어들이 '열 번 찍어 안 넘어가는 나무 없다' 안 돼요 돼요, 돼요' 라든가 '여자의 노우는 내숭이다' 등이 바로 그것이다. 성에 대해서 만큼은 이러한 통념들은 절대적으로 깨야한다. 그렇지 않으면 아름답고 안전한 성교육의 내용을 이룰 수가 없다. 오히려 성은 뺏고 뺏기는 폭력이 되고 만다.

청소년기의 올바른 성가치관을 심어주는 것은 전 생애에서 정말 중요한 덕목이다. 이렇게 성에 관한 동상이몽은 많은 부분 결혼생활에까지 영향을 미치므로 소통이 어렵고 상처가 될 수 있다. 이성교제는 더 이상 동상이몽이 아닌 동상일몽이어야 한다.

## 성적인 자기 결정권

나는 성에 대하여 어떤 생각을 가지고 있는지 먼저 점검해야한다. 성에 대한 결정은 상대방의 요구에 의해서가 아니라 자기 스스로의 판단에 의해 책임질 수 있는 단계까지다. 하지만 여성 스스로의 판단에 의해 이루어지고 있는가?

청소년들에게 올바른 성, 성문화는 큰 관심사지만 우리나라는 성에 대하여 지나친 보수 성향을 가지고 있다. 이렇다 보니 성범죄가 늘어나고 원색적인 발언에 반감을 표하는 국민정서를 가지고 있다.

　미디어를 통한 성 상품화가 노골화 되고 고위 공무원들의 다양한 성범죄로 나라 망신을 하고 있다. 그 분류는 헤아릴 수 없이 많은 사건들을 우리는 보아 왔다.

　대통령 미국 순방길에 성추행으로 무리를 저지른 윤○○(대통령 수석대변인) 사건, 육군 1군 사령관의 성폭력 사건, 김○○ 지검장의 음란행위, S대 교수의 제자 성추행사건으로 등 세월 속에 덮인 사건 사고는 한 순간 잘못된 선택으로 인하여 인생의 종지부를 찍는다.

　일련의 사건들로 만들어낸 유행어 중 웃지 못 할 이야기가 있다. '와이프는 1순위 너는 0순위' 등 하루가 멀다 하고 사회의 무리를 일으키는 성범죄는 남녀노소를 불문하고 잘못된 통념을 재생산 해 내고 있다.

　국가의 녹을 먹는 고위 간부들의 성욕구 자제를 못해 일어나는 성범죄는 개인을 넘어 국가의 이미지를 실추시키는 행위로 용서 받을 수 없다.

자제력, 판단력을 실추한 일부 성인 남성들은 여전히 여성을 전유물인양 순결한 성을 강조하며, 사회적 인간으로서 할 수 없는 동물적 감각만의 판단력을 가지고 있다고 보아야 한다.

분명한 것은 성은 합의에 의해서 이루어져야 한다는 것이며, 합의는 지켜지고 책임이 따른다는 것이다.
합의하지 않은 일방적인 성행위로 피해를 주는 것은 분명한 범죄라는 사실을 청소년들은 명심해야한다. 성적인 것에 대해 개개인이 느끼는 정도는 분명 다르다.
그러나 개방적인 성문화가 곧 다수의 상대와의 관계를 맺는 자유나 무분별하게 여성 혹은 남성의 신체를 성적으로 상품화하는 것도 용인되어서는 안 된다. 청소년의 교육이나 부부 사이 혹은 사회에서 성에 대한 올바른 담론이 절실히 필요한 시대다.
성 행위에 대한 계획과 책임이 따를 때 행복한 사회 믿는 사회가 형성된다.

나라의 미래 청소년! 자유에는 항상 책임이 따른다. 사춘기에 이성 교제는 보고 싶고, 같이 있고 싶고, 자랑하고 싶고, 아무리 들어도 싫증나지 않는 사랑이야기가 가장 큰 청소년들의 고뇌다. 이러한 사랑의 로망이 삶에서는 사랑 때문에 힘들어 한다. 사랑이 일곱 색깔 무지개처럼 아름답지만 실체 없는 아름다움으로 끝나는 사랑의 무게는 만만하지 않다.

그만큼 사랑에서 시작되는 성은 '아는 것이 힘'이라고 잉글랜드의 철학자 프랜시스베이컨은 일찍이 주장 했나보다. 이 말은 많은 뜻을 내포하고 있다. 성인들은 유독 성에 관해서는 '모르는 게 약'인 것처럼 아무도 알려주지 않았지만 인류의 역사는 유구히 흐르고 있다.

이제는 성지식과 성가치관을 금기시하며 수치심을 심어주거나 호기심을 키우지 말고 올바른 가치관과 책임감을 가지는 성에 대한 태도 교육이 절실히 필요하다. 그래야 성 범죄 발생이 줄어든다.

어려서부터 남자아이는 할머니 할아버지가 '고추 따먹자'는 말과 행동에 노출되어 살아왔다. 때로는 자랑스러웠을 것이고 조금 커서는 남자아이들도 수치스럽고 싫었을 것이다. 하지만 반대로 딸들은 절대로 성기를 내 놓고 다니지 못했다. 숨겨야 했다. 몸의 구조상 아들은 시원해야하고 반대로 딸들은 따뜻해야 한다. 딸의 성기를 내 놓는 것에 자연스럽지 않은 것이라고 학습되었다. 성기는 똑같다. 단지 모양이 다를 뿐이다. 그런데 간혹 여자는 성기가 없다고 말하는 학생들도 있다. 이것은 성에 대한 잘못된 교육의 사례이다.

'내 몸의 주인은 나다.'라는 쉽고도 당연한 말에 얼마나 학습되었는지 생각해봐야 한다.

아들의 고추 따먹기는 남아선호사상과 어른이라는 권력으로 행한 것이다. 또 부모라는 이유로 어려서부터 무조건 강제로 안아보자고 하는 경우도 많다. 자녀를 사랑하는 마음을 꼭 안아보자며 싫다고 하는 아이를 힘으로 안아주고 뽀뽀해주는 경우가 있다. 나는 이때부터 성적인 자기결정권의 학습이 되지 않았다고 본다. 실제로 어른들은 아이들이 잘못을 했을 때 체벌로 남자아이의 성기를 잡고 비튼다든지, 만지는 벌을 주는 사례가 있었다. 이것은 성폭력이었고, 지금은 범죄로 처벌을 받게 되어 있다.

예능 프로그램에서 흔히보는 사례가 있다. 유치원생의 귀엽고 앙증맞은 여자 아이가 나와서 특기를 보여준다. 진행자는 너무 너무 예쁘다고 말하면서 아저씨 볼에 뽀뽀한번 해달라고 요청한다. 정말 귀엽고 예쁘니까 나쁜 의도를 가지고 뽀뽀를 해달라고 말하는 것은 아닐 것이다. 그때 망설이거나 하면 게스트들이 뽀뽀하라고 독촉하기도 한다. 그 여자아이는 아마도 유치원에 남자친구와 뽀뽀를 더 하고 싶었을 수도 있다. 하지만 여자아이는 진행자의 볼에 뽀뽀를 한다. 이때 게스트들까지 방청객까지 모두 한 목소리로 함성을 지르면서 뽀뽀를 해준 여자아이를 칭찬하고 좋아한다.

물론 남자아이가 나왔을 때는 뽀뽀해달라고 요청하지 않는다는 것이다.

이 장면을 본 여자아이들은 무슨 생각을 할 것인가? '아하, 나는 싫어도 누군가가 나를 예쁘다고 뽀뽀를 해달라고 할 때 해주면 이렇게 모두가 좋아하는 구나' 라고 생각한다.

남자아이들은 무슨 생각을 할까? '아하! 저렇게 예쁘고 나보다 나이 어린 여자한테는 뽀뽀해달라고 해도 아무 거리낌 없이 해 주는구나' 라고 생각 할 것이다.

이렇듯 여자아이는 어려서부터 내 몸의 주인은 나니까 내가 싫을 때는 하지 않아도 된다는 성적자기결정권에 대하여 한 번도 학습을 해 본 경험이 없는 것이다.

그래서 초등학교 시절에는 남학생보다 여학생이 리더십도 많고 더 공부도 잘하고 당당하지만 일단 사춘기에 눈을 뜨고 나면 남학생 앞에서 작아지는 경우가 많다. 이것은 어려서부터 성적인 자기결정권을 한 번도 행사해보지 못했고 배우지도 못한 것에서 비롯된다. 나의 성 결정권을 상대가 결정해주는 가정과 사회에서 살아온 것이다.

여자가 안된다고 정확하게 자신의 의사를 표현하는 것을 배우거나 학습 받지 못한 것이다.

또한 안 된다고 해도 들어주는 문화가 아니었다.

그런 상황에서 여자와 남자는 서로 동상이몽을 가지고 이성교제를 하는 것이다.

여자가 싫다고 하거나 거절할 수 있도록 어려서부터 학습되어야 한다. 하지만 중요한 것은 성적인자기결정권을 학습하며 자라서 실제로 표현을 당당히 할 때 그 표현을 정확히 받아들여주는 남자가 드물다는 것이 사회의 문제다.

나의 성에 대한 자기결정권을 어려서부터 학습한다는 것은 매우 중요한 일이다. 내가 성을 어떻게 인식하게 길러졌는지를 점검해보는 것이 필요하다. 성에 대한 결정은 상대방의 요구에 의해서가 아니라 자기 스스로의 판단에 의해서 스스로 책임질 수 있는 단계까지 이다.

그러기 위해서는 내 이야기를 잘 들어주는 사람, 믿을 수 있는 사람, 화내지 않는 사람, 책임져주는 사람으로 불리 우는 어른이 많아져야 한다.

이제라도 나의 성에 대한 태도가 성격 탓만은 아니라는 것을 알아야 한다.

## 성관계! 같은 행동, 다른 의미

사춘기에는 성적으로 가장 왕성한 욕구가 있는 시기이다.

또한 올바른 성교육이 부재한 현실에서는 위험한 성적인 행동이 일어날 수 있다.

실제적인 성경험을 하는 시기인데 첫 경험이 대다수의 경우, 황급히, 그리고 비 건설적인 장소에서 안전하거나 행복감을 느끼지 못하고 준비 없는 상대자와의 관계에서 이루어질 경우가 많아서 이로 인해서 심리적인 상처를 받을 수 있다.

게다가 사춘기에 처음으로 경험하게 되는 몸의 변화로 남자들은 몽정을 통해서 정복감, 즐거움을 경험하는 반면에 여자는 생리를 하면서 통증을 먼저 안다. 이렇게 첫 성에 대한 인식 자체가 서로 다른 출발점에서 시작하게 된다.

동물은 성적자극이 오면 성욕을 느끼고 행동으로 바로 옮긴다. 하지만 인간은 성적자극이 오면 성욕을 느껴지면 이성(두뇌)에 의해 조절 후 행동으로 옮길지를 선택할 수 있다.

상대방의 욕구에 의해서가 아니라 자신의 선택에 의해서 결정해야한다.

성관계 후에 남자는 정자를 배출하고 쾌감을 느끼면 끝이라고 생각하며, 그 이후의 일들을 배우지 못했다. 하지만 여자는 생리, 피임, 임신, 낙태, 출산, 수유, 육아까지 복잡한 관계가 성립된다.

행동은 같지만 의미는 엄청나게 다르다. 학교에 성교육 출강 시 요즘 남학생들에게도 성관계의 서로 다른 의미에 대해서 꼭 이야기를 해준다. 더불어 성관계시의 에티켓 4가지를 알려준다.

첫째는 꼭 사랑하는 사람하고만 해야 한다는 것이다. 여기서 우리 여자들은 남자들이 본능적인 욕구를 자신에 대한 사랑의 강요로 착각하지 말아야한다.

'나는 너를 사랑 한다.' 라는 말에 사랑에 대해서 우리는 구별할 줄 알아야 한다. 사랑이라는 것에는 '감정'이 있고 '행위'가 있고 '관계'가 있다. 감정으로는 구름 위에 떠있는 듯 생각만 해도 달콤하고 행복한 마음이 들기도 할 것이다. 여기에 행위로는 서로 사랑하면 손을 잡기도 할 것이고 키스를 할 수도 있고 또 사랑한다는 말을 전하기도 하는 것이 바로 행위이다. 거기에 중요한 것이 바로 관계이다. 인간관계인 것이다. 사랑과 본능적인 욕구에 대해서 구별할 수 있는 힘이 있어야 한다.

둘째는 '합의'가 있어야 한다. 여기서 말하는 합의라 함은 상대방에 대한 존중을 의미하는 것이다. 아무리 이성교제를 하는 사이라 하여도 성적인 행동을 할 때 우리는 상대방의 의사를 묻고 서로 합의하는 과정을 거쳐야 한다. 상대방을 배려하지 않고 합의하지 않는 일방통행은 폭력이 될 수 있다.

셋째로는 피임을 해야 한다. 여기서 피임은 여자들만이 해야 하는 것이 아니다. 피임을 같이 고민해주는 남자, 피임을 같이 할 수 있는 남자와 성관계 해야 한다. 그렇지 않은 남자는 버려도 아깝지 않다.

넷째, 책임지는 것이다. 성적인 행동을 하기로 결정 한 후의 행동은 자신의 책임이 따라야 한다는 것을 라는 것을 명심해야 한다.

중고생들에게 성관계에 대한 에티켓에 대해서 강의를 할 때 학생들에게 꼭 물어보는 일이 있다. 성관계시에 상대방과 합의해야 한다고 했을 때 남녀모두 의아해 한다. 실제로 예를 들어서 남자친구가 여자친구에게 '오늘, 너랑 자고 싶어' 라고 말한다. 그때 여자친구가 '안돼, 아직 나는 준비가 되지 않았어, 어른이 된 이후가 좋을 것 같아' 라고 말하면 그 남자친구가 '그래, 네가 준비가 안 되어 있다면 나도 하지 않을테야,' '난 합의하지 않은 행동은 하지 않을거야' 라고 말 할 수만 있다면 우리 사회는 안전하다. 하지만 실제 학생들에게 물었을 때 대답은 그 반대였다.

상대여자친구가 싫다고 해서 성적인 행동을 하지 않았다고 말하는 친구에게 '너는 정말 멋진 내 친구다, 정말 훌륭해' 라고 말해준다는 친구보다는 '넌 남자도 아니다, 내 친구 아니야! 바보 병신이다!' 라고 말하는 아이들이 더 많은 현실이다. 또 반대로 여자친구가 '나도 너랑 자고 싶어. 그 대신 피임을 하자' 라고 하면서 가방에서 콘돔을 꺼냈을 경우는 또 다르게 받아들인다. 콘돔을 꺼내는 당당한 여자친구에게 '너는 정말 준비성이 철저하구나, 또 굉장히 자기관리가 철저하구나, 멋지다!' 라고 말해주는 남자친구라면 훌륭하다.

하지만 현실에서는 엄청난 대답이 나온다.

'헐, 대박~ 선수 같아요, 헤퍼요' 라고 말한다. 이렇듯 같은 행동을 하는데 의미는 서로 다르게 해석되는 성문화에서 살고 있음을 우리는 직시해야한다.

싫다고 해도 들어주지도 않고, 피임을 같이 하자고 해도 인정받지 못하는 성문화에서 성관계는 함께 나누는 것이고 즐기는 것이고 책임지는 것이 아니라 서로 뺏고 뺏기는 것이 되고 마는 것이다. 성기중심적인 성교육이 아니라 인간중심적인 성교육이 이루어져야 한다.

성에 대해서 정확하고 확실하게 알수록 책임감이 늘어나고 호기심이 줄며 성적 행동도 줄어든다.

## 미디어 다시 보기

 학생들에게 '성'하면 떠오르는 것을 물어본다. 긍정적이고 아름답고 건강한 이야기보다는 성에 대해서 부정적이며 자극적이고 폭력적인 것을 더 많이 알고 있다. 왜일까? 부모에게서 배웠을까? 선생님께서 가르쳐주신 것일까? 사실, 부모나 선생님이 부정적이고 폭력적인 성교육을 직접적으로 하지는 않았다. 그렇지만 많은 학생들은 그렇게 배웠다.

어려서 '엄마! 나 어떻게 태어났어?' 라고 물었을 때 과학적이고 사실적으로 말해준 적이 있었나? 대부분 '다리 밑에서 주워왔어' '배꼽으로 나왔어' '병원에서 사왔어' 등등으로 얼버무리거나 놀리는 수준으로 넘어갔다. 물론 요즘 아이들은 이미 유치원시절부터 엄마의 몸속에 있는 난자와 아빠의 몸속에 있는 정자가 만나서 내가 태어났다는 것을 다 알고 있다. 하지만 어린이들은 어떻게 만났는지를 알고 싶어 한다. 물론 책을 통해서 얼마든지 가르쳐 줄 수 있다. 하지만 성교육에 대해서 자연스럽고 과학적으로 설명해줄 부모는 그리 많지 않을 것이다.

이렇게 성교육의 잘못됨이 아무도 모르게 깊이 파고들어 있다. 성 평등적인 올바른 성교육이 아닌 성 불평등적인 성교육이 만연하다.

여기서 더욱 심각하고 충격적인 것이 있다 바로 음란물이다. 내가 어떻게 태어났는지 궁금하다는 것은 나의 존재가치를 알고자 하는 철학자가 될 수 있는 위대한 질문 중에 하나이다. 이 때 정확한 정보를 얻지 못하다가 어느 날 우리사회에 만연된 음란물을 접하게 된다.

특별한 경로가 있다기보다는 손쉽게 접할 수 있다. 그런데 성에 대한 가치관이 정립되지 않는 청소년시기에 음란물에 노출은 매우 위험하다. 음란물은 사실이 아니기 때문이다.

음란물에는 서로 사랑하고 아기가 태어나는 생명이 있고, 그리고 쾌락이 있는 건강한 성이 아니다. 폭력적이고 여자를 성의 도구로 삼는 것을 보여준다. 온갖 비정상적인 성을 편집해서 모아놓은 것이다. 절대로 사실이 아니다. 실제로 대부분의 음란물이 줄거리가 없다. 그런데도 줄거리 중에 하나가 있다. 여자가 짧은 미니스커트를 입고 길을 걸어가고 있다. 소위 말하는 깡패들이 휘파람을 불면서 납치를 한다. 도와달라고 아무리 소리쳐도 아무도 도와주지 않는다. 그렇게 살려달라고 소리치던 그 여성이 화면이 바뀌면서 더 소리 내며 좋아하는 것으로 나온다. 이런 음란물을 보는 청소년들은 '여자는 싫다고 해도 저렇게 강제로 끌고 가도 저렇게 좋아하는 구나'라고 인식하게 된다. 엄청난 폭력이라는 인식을 하지 못하게 만든다. 이렇게 왜곡된 성의식이 생기면서 성은 더럽고, 추하고 폭력적인 것이라고 인식하게 만든다. 잘못된 통념적 상식으로 폭력을 재생산 해내고 있다. 이제 올바른 성의식을 가질 수 있도록 해야 한다. 음란물은 절대 사실이 아님을 비판할 수 있는 의식을 가져야 한다.

음란물을 접하지 않더라도 미디어에서 불평등하고 왜곡된 성의식은 드라마에도 확산되고 있다. 요즘 드라마를 보면 거의 다 현대판 신데렐라 이야기나 다름없다. 하나같이 남자주인공은 재벌 2세나 3세이다. 예전 '겨울연가'가 인기 있던 시절에는 '실장님'이였지만 요즘은 '본부장'이 대세이다. 그 옆에 여자주인공은 얼굴은 예쁘고, 착하고, 똑똑하지만 가난하거나 엄마나 아빠가 없는 상황으로 그려진다. 그렇게 만난 두 주인공은 남자주인공의 엄마에게 온갖 설움과 무시와 폭력에 가까운 학대를 당한다. 반면에 남자주인공의 아버지는 인품도 있고 합리적이고 이성적으로 나온다. 여기서 여자의 적은 여자라는 통념이 재생산된다.

또한 남자주인공의 엄마는 가난한 여주인공이 아닌 재벌 2세의 여자를 아들에게 소개시켜주려고 하고 온갖 방해를 하는 역할을 맡는다. 여자들끼리 남자하나 놓고 분열하고 싸우고 경쟁하는 구도를 그려내는 것이다. 이런 드라마를 비판의식 없이 무방비로 보게 된다.

욕하면서도 뒷이야기가 궁금해져서 자꾸 보게 되는 중독성이 있는 드라마가 넘쳐 나고 있다.

끝까지 사랑하는 남자의 엄마와 부모들끼리 정략결혼을 약속한 사랑하지 않는 재벌2세의 딸이 합세한 학대 수준의 폭력을 이겨내고 해피엔딩으로 그려진다. 이렇게 알게 모르게 미디어를 통한 불평등한 성교육은 끊임없이 팔려나가고 있다.

실제로 평범한 사람이 재벌을 만나서 결혼을 할 확률은 얼마나 될까? 재벌을 만나 결혼을 할 확률은 장마철 천둥칠 때 벼락 맞을 확률보다도 더 적다고 한다. 확률이 이렇게 없다고 하는데도 드라마에서 보여주는 신데렐라를 꿈꾸는데 이 아까운 귀한 시간을 허비하고 말 것인가! 미디어에서 보여 지는 것을 무조건 받아들이지 않는 힘이 중요하다. 그런 힘을 기르자.

어느 분이 하신 말씀이 생각난다. 실제로 아프리카를 가보지 않았더라도 아프리카의 넓은 초원 하면 떠오르는 영상이 있다. 기린이 있고 사자 같은 맹수가 거닐고 있는 풍경이 그려진다. 그러나 아프리카에 사는 사람에게 물어보면 맹수보다는 파리나 모기가 더 많다고 한다. 이렇듯 우리는 미디어에서 보여진 대로 인식하고 있다. 미디어가 보여주는 관점 그대로 학습되어 각인되고 있는 거다.

미디어는 어디까지나 상업적인 형태를 띠고 있다. 상업적 목적은 어떤 경로를 통하든 많이 보게 하기 위한 기술로 제작된다.

이제 남성 중심적인 문화로 만들어 낸 미디어를 볼 때는 여성의 시각과 입장인 눈을 가져야겠다.

## 올바른 성문화 주도적으로 이끌기

 

1995년 베이징 세계여성회의 여성연합은 유엔의 가이드라인을 기반으로 한 베이징행동강령의 12개 분야와 한국적 맥락을 고려한 긴급 현안 5개 분야를 추가하고, 베이징행동강령 12개 분야 중 한 개 분야를 통합 조정해 최종적으로 총 16개 분야에 대해 적극적으로 노력하고 있다. 일련의 일들은 여성 발전을 위한 제도적 장치, 여성의 교육과 훈련, 인권·폭력·

성 범죄, 여성과 빈곤, 여성과 노동(경제), 여성과 건강, 여성과 무력분쟁, 여성과 미디어, 여성과 환경 등이다.

우리나라에서 지방자치선거가 최초로 실시된 해로 글로벌 여성규범인 베이징행동강령이 어떻게 국가 및 지역 여성의 삶에 영향을 미쳤는지 살펴보는 기회를 조성했다. 각계각층에서 여성이 사랑받는 만큼 인권에 대하여 존중의 가치를 인정하고, 성평등 노력은 지속되고 있다. 또한 글로벌 페미니즘과 초국적 여성운동(Transnational Feminist Movement)과의 연계 및 발전 가능성을 모색해보는 기회의 새로운 시도임과 동시에 큰 도전을 생활주변에서 쉽게 볼 수 있다 이러한 국제정세에도 우리의 딸들은 깊게 박혀 있는 가부장적 사회에서 여성의 역할, 지위, 아니 그보다는 딸들이 가장 당당해야 할 성을 대상화하는 일들이 비일비재하다.

우리사회는 이중적인 성문화를 가지고 있다. 이성을 성적인 대상으로만 생각하는 문화가 그것이다. 남성은 성기가 있고, 여성은 없다고 배웠다. 여성도 성기가 있다. 모양이 다를 뿐이다. 공격적이고 폭력적이고 가학적인 성을 남성다운 성이라고 믿는 신화가 존재하는 사회이다. 성기중심적인 성교만을 성으로 파악하고 있다. 여성을 인격체로 보는 남성과 만나야 한다. 여성의 몸을 사물화 시키고 수단화 시키는 남성은 과감히 아웃시켜야 한다.

중고등 남학생들에게 한 설문지에서 남자로서 억울한 것을 적으라고 했더니 제일 많이 나온 내용이 '일을 한다.' 라는 것이다. 물론 남자들이 일을 하는 것은 맞다. 하지만 그 내면에는 여자는 '놀고 있다' 는 생각이 깔려 있는 것이다. 이제 타인의 특성과 개성을 존중하는 마음을 기르기 위해 잠재되어 있는 인력 개발에 여성들이 먼저 깨어 올바른 성문화를 주도적으로 이끌어야 한다. 이것은 오랫동안 갖고 있으면서도 활용하지 않았던 국가적 자원의 일환임 알아야 한다.

여성의 존엄성에 대하여 먼저 긍정하자. 이미 여성의 존엄성을 긍정했다면 이제는 여성의 시각에서 성문화를 다시 보고 올바른 가치를 평가하기로 하자.

여성적 특성들인 공감, 돌봄, 직관, 상호의존 등을 재 해석해야한다. 그래서 가치 있고 중요하게 생각하며 실천하는데 앞장서는 여성이 되어야 한다.

지금은 3.1운동으로 나라를 위해 목숨을 바친 유관순 열사라고 부르지만 오래전에는 유관순 누나라고 불렀었다. 필자도 어린 시절 내가 여자인데 왜 누나라고 불러야 하는지를 생각하지 못했다. 그냥 교과서에 그렇게 부르니까 당연한 줄 알았다. 또한 안중근 의사도 나라를 위한 애국자이다. 같은 일을 했는데 여성에게는 누나라는 호칭을, 남성에게는 의사라는 호칭을 쓰고 있었다. 이런 성에 대한 이중적인 잣대로는 올바른 성문화를 이루기가 어렵다.

안중근 오빠라고 불러볼 생각 또한 못했었다. 이제는 여성이든, 남성이든 성에 관계없이 한 일에 대해서는 똑같은 평가가 이루어져야 한다. 그렇게 하려면 우리가 사용하는 언어부터 평등한 언어를 사용해야 하는 것이다.

윤락 이라는 용어에서 매춘으로, 다시 매매춘으로 그리고 이제는 성매매로 우리 사회는 성평등한 사회로 거듭나고 있다. 특히 청소년을 대상으로 한 성범죄는 성매매가 아니라 성매수라고 여성계에서는 말하고 있다. 이 시대흐름을 따라가지 못하면 자신도 모르게 가해자가 되어 있거나, 또 자신도 모르게 피해자가 되어 있을 수 있다. 적어도 올바른 성문화를 주도하기 위해서는 그 때 그 때 필터를 갈아야 한다. 좌측통행으로 알고 살았지만 다시금 우측통행을 권하는 사회이다. 나는 평생 좌측통행으로 살아와서 더 편한데 불편하게 우측통행을 하기 싫다면서 혼자 좌측으로 다닌다면 부딪치게 되어있는 거와 마찬가지다.

가끔은 여중생이 화장실에서 아기를 출산 후 버렸다는 뉴스를 접하게 된다. 그 뉴스를 보면서 미혼모가 된 여학생을 비난하는 목소리가 더 많은 사회다. 그 여학생이 부모나, 친구, 선생님 아무에게도 말하지 못하고 혼자서 열 달 동안 얼마나 외로웠을까? 혼자서 아기를 출산하는데 얼마나 두렵고 고통스러웠을까를 말하는 목소리가 더 많은가! 이중에 나는 어떤 목소리를 내는 사람인가를 생각해 봐야 한다.

미혼모가 있으면 당연히 미혼부가 있어야 한다. 그런데 실제로 미혼부는 존재하지 않는다. 부를 찾기 위한 노력과 방송을 하기 보다는 전부가 아기를 낳은 여성에게 화살을 쏘아댄다. 아무리 미혼부에 대해서 관대한 사회라도 이래서는 안 되는 것이다.

　미혼모가 된 여학생은 학교에서 스스로 자퇴를 하도록 권고 받는다. 삶의 진로는 180도로 전향 된다. 남학생은 안전하게 다른 학교로 전학을 시키거나 당당히 학교에 다니고 있다.

　같이 만들었다면 같이 책임져야 하는 거 아닌가? 라고 독자들에게 묻고 싶다. 나도 사회의 일원으로 제3자의 책임은 없는지 답을 듣고 싶다. 무책임한 교육, 무책임한 사회에서 희생자는 '아는 것이 힘'이라는 생각을 모르기 때문에 대부분 씻지 못할 멍애를 매고 삶과 싸우다 돌아간다.

　성이 남녀 모두 에게 똑같은 잣대가 적용되는 사회라면 성문제로 인한 폭력은 사라질 것이다. 우리 사회는 여성과 남성에게 적용되는 성의 잣대가 엄연히 다르다. 여성과 남성에게 차별되지 않는 제도는 다 만들어져 있다. 다만 잘못된 문화에서 알게 모르게 우리는 폭력을 배우게 된다. 통념 중에 '여자의 심한 노출과 야한 언동이 성폭력을 유발 한다!' 라고 알고 있다. '술 문화가 주범이다.' '노출이 심한 여자는 함부로 해도 된다는 암묵적인 합의가 있지는 않는가', 또 '여성을 인격체로 보는 것이 아니라 성적인 대상으로만 보는 잘못된 시각'이 만연 해 있다. '술 마시고 짧은 치마 입고 밤늦게 돌아다니기 때문에 성폭력이 일어난다고 생각'하는 것은 확실하게 깨야하는 잘못된 것이다. '여자가 끝까지 저항하면 강간은 불가능하다.' 라는 통념도 깨야한다. 이 세상에 목숨보다 중요한 것은 없다.

세상의 절반이 여성이고, 현대인이 여자라고 밤늦게 돌아다니지 못한다면 국가경쟁력의 절반을 활용하지 않는 것이다. 국가적으로 잠재되어 있는 인력을 개발해야 되는 시대이다. 인간이 동물과 다른 점은 인간은 뇌의 작용으로 얼마든지 성충동을 조절하고 통제할 수 있다. 누구나 성 욕구를 느낀다고 해서 상대방에게 무조건 성폭력을 하지 않는다. 폭력은 자기 선택이다. 폭력은 사회적인 범죄이다. 범죄는 당연히 처벌을 받는다. 내가 선택한 폭력에 대해서는 내가 책임져야 한다.

누군가가 짧은 치마를 입었고 유혹을 했다고 왜곡된 해석을 하여 성폭력을 한다면 그것은 범죄이다. 범죄를 저질렀다면 처벌을 받는 것이 당연하다.

또한 가정폭력과 관련하여 깨야하는 잘못된 통념이 있다. '맞을 짓을 했으니까 맞는다.' 고한다. 하지만 어떤 경우에도 폭력은 묵인될 수 없다. 가정폭력은 범죄이다. 모든 인간은 존엄하며 이 세상에 '맞을 짓'은 없다. 다만 '화나게 하는 짓'은 있을 수 있다. 화가 난다고 해서 누구나 다 폭력을 사용하지는 않는다. 화났다고 말로 할 것인지, 아니면 폭력을 사용할 것인지는 본인의 선택 인 것이다. 폭력을 사용하기로 선택했다면 범죄이기 때문에 처벌을 받아야 하는 것이다.

성매매와 관련한 통념도 있다. '성매매는 남성들의 욕구해결을 위한 사회적 필요악이다?' 절대 아니다. 개인과 가정, 그리고 사회의 복지를 위태롭게 하는 범죄행위이다. 법이 생겼다는 것은 범죄라는 것이다. 남성들의 성적 욕구를 위해 성매매를 인정한다면 여성차별과 여성폭력을 인정하게 되는 것이다. 반드시 근절되어야 할 사회악이다

'성매매 여성은 자발적으로 타락을 선택한 여성들이다?' 아니다. 대부분은 비자발적 선택으로 빈곤과 차별과 학대의 문제로 인해 사회적 약자로서 밀리고 밀려서 들어간 경

우이다.

여성을 대상으로 하는 폭력은 남녀의 대립의 문제가 아니다. 이것은 권력의 문제이다. 거부 의사를 표현하기 어려운 상황이 있다. 상대방이 나보다 힘이나 권력에서 낮은 사람에게 하는 것이 폭력이다.

폭력이 없어지지 않는 이유는 이러한 잘못된 통념 때문이다. 남자와 여자의 역할이 구분되는 사회, 성평등 하지 않은 사회에서는 폭력은 근절되지 않는다. 이러한 원인을 파악했다면 이제는 실천해야 한다.

폭력행위에 대한 결과는 어떤 것이 있을까! 가족 간에 친구 간에 신뢰와 친밀감을 잃어버리게 된다. 주변 사람들과의 관계가 멀어져서 외로워진다. 주변사람들에게 상처를 준다. 법적인 처벌을 받게 된다. 더불어 나는 폭력을 하지 않더라도 폭력을 하도록 허용하거나 묵인하는 태도도 폭력을 자라게 하는 비료의 역할을 한다.

성에 대한 자신의 태도를 점검하고 성에 대한 자신의 가치관을 바꾸어 아름다운 인간 중심사회를 만들어야 한다.

## 미래의 이력서 미리 써보기

　나의 미래 이력서를 가까이 하는 것은 매우 중요한 일이다.
　나에게 동기를 부여하고 도전하도록 할 것이다. 나의 비전과 가치관을 확고하게 해 줄 것이다. 자성예언에서처럼 말이 씨가 된다.
　식물에게 물을 줄때도 예쁘다, 예쁘다, 라고 하면서 물을 주면 잘 자라고, 밉다고 하면서 주면 덜 자란다고 한다. 하물며 사람에게는 말이 씨가 된다는 말이 중요한 것은 두말할 나위가 없다. 그렇다면 1년 후, 3년 후, 5년 후, 10년 후의 이력서를 미리 써보는 거다.

머리를 자르려고 생각하고 있다면 미용실만 눈에 들어오고, 신발을 사고자 계획한다면 다른 사람 신발 신은 것만 보이는 법이다. 이처럼 내가 어떤 계획과 어떤 생각을 하고 있느냐에 따라서 보이는 것이 달라진다.

나이 먹을수록 유연해지는 사람은 끊임없이 사고하고 공부하는 사람이다.

현재 내가 가장 많은 시간을 같이 지내고 있는 사람 5명을 적어보면 그 사람이 미래의 나의 목표라는 말은 많이 들어서 알고 있을 것이다.

점하나로는 변화가 이루어 지지 않는다. 현재의 나라는 점이 하나 있다면 그 점 하나를 아무리 들여다보고 있어도 변화가 어렵다. 현재의 점을 하나 찍었다면 미래의 내가되고 싶은 점 하나를 그 곁에 찍어 놓는 것이다.

살다보면 때로는 미래의 내가 원하는 점을 향해서 가는 경로에서 벗어날 때가 있다. 그때 마다 다시 미래의 점을 보면서 경로를 재확인하고 좁혀 가면 된다. 미래의 점을 하나 찍기 위해서는 지금 당장 미래에 나의 이력서를 써보라는 말을 많이 들었을 것이다.

쉽게 말해 1년 후에는 어떤 자격증을 취득했을 것을 미리 적는 거다. 2년 후에는 또 어떤 자격증을... 3년 후에는 어떤 일을 시작하였고, 어떤 일을 그만두었는지를 현재에 미래에 이력서를 적어보는 것이다. 성공하는 나를 미리 적어보는 것이다. 전혀 관련 없거나 관심 없는 것을 적지 않게 되어 있다. 내가 과거에 이루지 못했던 것, 평소에 해보고 싶었던 것, 또 미래에 이루고 싶었던 것 등 무엇이라도 내가 하고 싶은 것이 이루어 졌다고 생각하고 이력서를 적는다. 분명히 적어놓지 않고 있을 때와는 다르게 많이 이루어진 진짜 나의 이력서가 될 것이다.

또 다른 예로 내가 갖고 싶거나 하고 싶은 일이 있을 때는 꼭 수첩에 적어놓는다. 그러면 생각보다 빨리 갖고 싶은 것은 갖게 되었고, 하고 싶은 일은 하게 되었다. 하나씩 동그라미를 그리면서 적어놓은 일들이 이루어지는 것을 볼 때 무척 신기하고 기분이 좋다.

여기서 말하는 미래 이력서는 꼭 취업에 관련한 일만을 적어야 하는 것은 아니다.

자신의 내면의 모습이나 자신이 이루고자하는 가치를 적어도 좋다. 이미 과거는 바꿀 수 없으니까 우리는 과거에 대한 후회도 있을 수 있다. 그렇지만 과거에 나의 사고방식을 지금에 다시 바꿀 수는 있다. 용기가 꺾였던 순간들에 대하여, 또는 쉽게 포기해버렸던 것에 대하여 스스로 용서하고 다시 새로운 자신의 모습을 적어보는 것도 좋다.

과거의 부정적인 일들을 그대로 인정하면서 똑같은 일을 가지고 미래에는 긍정적인 방향으로 새롭게 미리 써보는 거다. 더 이상 과거에 얽매여 있는 것이 아니라 그때는 그럴 수밖에 없었던 이유가 있었다고 받아들이고 대신 과거보다 더 나은 미래를 새롭게 구상하는데 자신의 힘과 에너지를 써야 할 것이다.

특히 미래의 이력서에는 어려서 너무 억압으로 해보지 못한 일들을 적어 보는 것이다. 너무 강한 틀 속에 갇혀 있었다면 그 틀에서 벗어나서 경험할 것들을 적는다. 그동안 놓쳐버리고 관심 갖지 않았던 일들에 대해서도 관심을 갖고 다시 들여다보는 거다.

취득한 자격증을 적어놓은 이력서를 갖고 있다고 해서 순간의 기쁨은 있을 수 있지만 오래도록 저절로 행복해지지는 않는다. 그만큼 중요한 것이 미래 나의 이력서를 통해서 행복과 만족은 자신의 내면으로부터 나온다는 것을 배울 수 있는 그런 이력서면 좋겠다.

우리 사회가 강요하는 그런 이력서가 아니다. 자신의 욕구와 자신의 기쁨을 갖게 해주는 그런 미래의 새로운 항로가 그려지는 이력서를 말하는 거다. 취직을 하기 위한 이력서가 아닌 나 자신의 내면을 가득하게 하고 자신의 행동의 원동력이 되는 이력서이다.

흔들리는 나 자신을 스스로 세워줄 수 있는 나만의 기준표 같은 이력서를 말한다. 자기 자신이 직접 세운 기준표가 중요하다. 다른 사람이 세워준 그 어떤 기준보다 더 나에게 맞는 기준표가 내가 직접 쓴 이력서이다. 자기만의 꿈을 제일 잘 아는 사람이 바로 자신이다. 그 꿈을 이루기 위한 과정에서 용기 잃지 않게 하는 이력서를 쓰는 것도 의미 있는 일이다. 나의 미래 이력서를 갖기 위해서는 많은 자기 탐색도 경험하고 선택도 경험할 수 있다. 경험 속에서 가슴 설레는 꿈과 목표가 그려진다. 잘 써진 이력서를 갖기 위해서는 자신의 삶에 독립적인 주체로서 당당히 서 있을 때라야 한다는 것을 매번 강조하지 않을 수 없다. 그리고 무엇을 위주로 꿈을 꾸는가에 따라서도 달라진다.

## Chapter 3

### 여신으로 다시 태어나기

## 자존심이 아닌, 자존감이 넘친다

　우리는 "너는 자존심도 없냐!" 라는 말을 종종할 때가 있다. 특히 여자들에게 흔히 쓰는 말이기도 하다. 지나치게 자존심만을 세우는 사람은 쉽게 타인으로부터 상처를 입게 된다. 타인의 말이나 행동에 쉽게 휘둘리게 된다. 반면에 자존감은 스스로의 자기 긍정, 자기 존중이라고 할 수 있다.
　자존심이 강하고 자존감이 낮은 사람은 타인의 말이나

행동에 쉽게 상처를 받고 인간관계에서 분노하고 관계에서 취약해진다.

전형적인 여자다움에 너무 길들여진 여성일수록 자존감이 낮다고 한다. 오히려 여성다움 또는 남성다움에 길들여지지 않고 인간다움으로 성장한 사람은 자신감도 있고 자존감도 높으며 상황에 대한 적응력도 높은 것으로 연구되었다. 여성 혹은 남성이기 때문에 자신의 행동에 제한을 받거나 자기 이미지 때문에 자신의 가능성을 충분히 발휘하지 못하는 경우보다는 사회가 원하는 다양한 요구를 능동적으로 융통성 있게 대처할 수 있는 양성적 인간이 더 바람직하다. 이것을 극복하기 위해서 어려서부터 딸이건 아들이건 양성의 장점을 고루 갖추게 키워야 한다. 딸이건 아들이건 개인의 개성과 특성을 살릴 수 있도록 키워져야 한다. 이것이 바로 인간답게 키우는 것이다. 물론 이렇게 되기 위해서는 가정에서부터 평등한 가족관계를 형성해야 한다.

23살 된 한 여성은 어려서부터 부모로부터 딸이라고 해서 차별을 받지 않고 성장하였다. 이 여성은 맞벌이를 하는 부모로 인해 유치원 다닐 때부터 스스로 모든 일을 해 내는 훈련을 하게 되었다. 본인이 해야 할 일은 스스로 해 내며 성장한 이 여성은 어려서부터 실수를 하면서 스스로 해내며 성취감을 느꼈다고 한다.

유치원 다닐 때 실수라면 세수를 깨끗이 하지 못하였거나. 머리를 예쁘게 묶지 못하는 정도였다. 그러한 실수나 실패는 전혀 살아가는데 문제가 되지 않는 것이었다. 이러한 실수와 실패를 겪어본 이 여성은 성장하면서 자기 자신 앞에 나타나는 그 어떤 해결해야할 문제에 대해서도 두려움이 없이 척척 해 낼 수가 있었다고 한다.

어른의 도움을 받았다면 그 당시에는 편할 수도 있었지만 스스로 해 낼 수 있다는 귀한 경험을 하지 못했을 것이다. 이렇게 성장한 이 여성은 자존심만 앞세우지 않고도 스스로 자기 자신을 긍정하고 존중하며 자신을 믿으면서 자존감이 높아진 것이다. 스스로를 존중하기 때문에 타인의 말이나 행동에 휘둘리거나 상처를 받고 자존심 상해하는 일이 없다고 한다. 설사 자존심이 상하는 일을 겪게 되더라도 깊게 상처받고 힘들어하지 않고 있는 그대로 보면서 해결해 나갈 수 있는 힘이 있는 것이다.

사회적으로 성공한 여성들을 보면 어려서부터 가정에서부터 여자라는 이유로 차별받지 않았고 인간답게 키워졌다. 어린 시절부터 딸에게도 자신감을 갖게 용기를 주었고 그렇게 성장하니 자연스럽게 자존감이 높아지게 된다.

강한 자부심과 자신감을 가지게 되면 내적 권위를 가질 수 있다. 겉모습을 꾸미거나 지위에 따른 외적 권위가 아니라 다른 삶들에게서 존경받게 하는 카리스마를 말한다.

자신감을 갖는 다는 것은 이렇듯 중요한 일이다. 남보다 더 노력하고 실력을 쌓아야 한다.

자존감이 높은 여성은 훌륭한 지도자가 되기 쉽다. 부모 중에 한사람이라도 아들딸을 차별하지 않고 키우려고 노력하는 가정에서 성장한 여성이 여성 지도자들이 되었다고 한다.

특히 딸에게 최선의 자기 자신이 될 수 있는 기회를 많이 주어야 한다. 자유롭게 자기의 삶을 꿈꾸고 설계하게 하자. 세계를 바라보게 키워야 한다. 이런 여성의 리더십개발은 자존심이 아니라 자존감이 높아질 때 가능한 것이다.

나의 자존감을 키워야 하는 이유가 있다. 살아가면서 매일 접하게 되는 상황이나 관계 속에서 효율적이고 적극적으로 대처해 나가기 위해서는 반드시 자존감이 필요하기 때문이다.

자존감이 높은 사람은 상대방의 말이나 행동으로 상처를 받지 않고 감정적으로 분리할 수 있다. 더불어 내 삶에서도 주도적으로 살아가는데 어려움이 없다.

나의 자존감을 높이기 위해서는 상대가 원하는 느낌이나 행동을 아는 것이 아니라, 내가 원하는 느낌과 내가 원하는 행동을 알아야 한다. 이렇게 자존감이 높아질수록 내가 원하는 삶을 알 수 있고 원하는 대로 이끌어갈 수 있다.

자존감이 높아지면 나에게 필요한 것과 내가 원하는 것들을 거리낌 없이 중요하게 취급할 줄 알게 된다. 이것은 충동적이지 않다는 것이다. 필요 없이 거짓말을 하지도 않게 되는 것이다. 무조건 원하는 것을 다 얻어낸 다는 것과는 조금 다른 것이다. 타인의 감정이나 생각보다는 자기 자신의 감정이나 생각을 더 중요하게 생각한다는 것이다.

이 자존감을 밑바탕에 깔고 나서 자신이 갖고 있는 단점과 장점을 파악하고 나서 장점을 파악하면 자기성장이 된다.

자존감이 낮은 사람은 자신과의 관계가 미숙하다. 자존감이 높은 사람은 자신과의 관계도 거짓됨이 없고 평화롭다. 인간관계에서도 불편함이 없다.

인간관계에서의 자존감 결핍은 누구나 헤쳐 가야 할 최대의 적이다. 스스로 자존감이 낮다는 것을 아는 그 순간 이미 반은 성공이다. 자존감이 낮다는 것 중에 하나는 타인의 말이나 행동에 너무 쉽게 영향을 받아 부정적인 감정을 많이 느끼는 것이다. 자존감을 높이기 위해서 실제로 행동에 옮기는 준비를 시작하면 된다. 물론 하루아침에 없던 자존감이 단번에 차오르지는 않을 수도 있다. 투자를 하는데 종자돈이 필요하듯이 내가 인식하고 있다는 것이 종자돈과 같은 역할의 새로운 힘이 된다.

나는 이 세상 사람들에게 인정받아야 한다는 생각이 자존감이 아니다. 어린 시절 내가 중요하다고 인정을 받고 살았느냐에 따라서 자존감이 생기는 것이다.

자존감은 내 행동과 내 생각을 지배한다. 내가 가치 있는 사람이라는 것과 세상에서 꼭 필요한 사람이라는 것을 의심하지 않는다.

삶을 살아가는데 적절한 강도의 자존감은 행복감을 느끼는데 꼭 필요한 요소이다.

자존심 버리고 자존감을 키우자. 문제는 자신감이다. 누군가로부터 칭찬의 말을 들었을 때 '아니에요' 라고 대응하는 사람은 자기 자신에 대한 자신감이 부족한 사람이다. 칭찬은 칭찬 그 자체로 편안하게 받아들이고 '고맙습니다.' 라고 겸손하면서도 당당하게 대응하면 되는 것이다. 그러면 칭찬 받을 일이 자꾸 생기고 정말로 칭찬 받을 만한 사람이 된다. 그러기 위해서는 스스로에 대해서 자신감을 가지고 있는 사람이어야 이렇게 할 수 있다.

자신감을 키우는 행동으로 받아들이며 아주 작은 것에서라도 칭찬 받는 것에 익숙해져야 한다.

칭찬은 고래도 춤추게 한다는 말은 너무나도 잘 알고 있다. 그러한 칭찬을 이젠 내 삶에 주는 에너지로 삼아야 한다. 칭찬받는 것은 자신감을 갖게 하는 것이다. 물론 칭찬 받기 위해서 타인들에게 비굴하게 무조건 비유를 맞춘다거나 억지로 칭찬받을 행동을 하라는 의미가 아니다. 자신감 없이 살아가야 하는 삶은 너무 지루하고 힘들다. 내 삶에 에너지가 되는 자신감을 가질 수 있을 때만이 내 삶도 훨씬 발전하기 시작한다.

　자신감은 상대적인 우월감이 아니라 타인과 비교하지 않고 진정한 자기 자신을 있는 그대로 인정하는데서 부터 시작한다. 자신감은 비록 실패 했을 때도 쉽게 좌절하지 않고 실패감을 느끼는 자신에게 위로의 인사말을 건넬 줄 아는 것이다. 이런 대단한 사람도 단점이 있기 마련이라는 것을 알고 있다. 아주 작은 노력을 계속 해 나갈 수 있다는 자기 자신에 대한 믿음이 있는 사람이다. 자신감은 타인과는 상관없는 일이다. 스스로에서 나오는 것이 진정한 자신감인 것이다. 나를 섬겨주는 왕자나, 나를 도와주는 누군가가 있건 없건 삶에서는 남부러울 것이 없다는 것을 스스로 알고 있으므로 삶의 질은 달라질 수밖에 없다. 진정한 자신감을 가진 사람만이 도태되지 않고 삶이라는 무대의 주인공으로 살아갈 수 있다.

　누구의 도움도 없이 실패 속에서 까지 자신감을 배운 사람은 그 어떤 고난이나 좌절이 와도 내 삶의 주인공으로 위협을 느끼지 않게 된다. 자존심이 아닌 자존감이 넘치는 여성으로서 낯선 길을 가야할 때 두려움을 물리칠 수 있는 지도 한 장

품고 있는 것과 다름없다. 두려움과 불안을 느끼는 삶이 닥쳐서 타인들의 충고를 들어야 할 때도 자존감이 있는 사람은 내 삶의 주인공이라는 위치에서 그 충고를 재해석하여 지도를 볼 수 있게 된다.

자기 자신의 마음을 모르고, 즉 자신이 무엇을 원하는지 모르면 자신감이 없어진다.

자존감을 갖는 것은 독립적인 여성으로써 배우자를 고르는 안목까지도 높아질 수 있다.

자존감이 있는 여성은 속아서 결혼했다는 말 따위는 하지 않게 된다.

## 자기 자신과 화해할 줄 안다

 "자신의 실수를 다른 사람의 경우와 비교해 볼 수는 있지만, 결코 그 실수 때문에 속상해 하지는 말아라. 실수 역시 우리 삶의 한 부분이기 때문이다. 실수도 우리 인생에서 최선을 다해 볼 만한 삶의 중요한 과정임을 잊지 말아라. 실수의 어떤 사소한 과정일지라도 결코 소홀히 하거나 놓치지 마라." 삶의 중요한 과정을 이야기한 '로잘린드 러셀'의 말이다.

실수를 자주하거나 실수한 것 때문에 속상해 하는 사람들에게 위로가 될 수 있는 말이다.

실수를 했을 때 안타깝고 속상한 마음을 툭툭 털어내고는 같은 실수를 하지 않기 위해서 노력하는 사람이 있는가 하면 어떤 이는 그 실수한 자신을 자책하면서 괴로워하다가 더 이상 앞으로 나아가지 못하고 힘들어 하는 이도 있다. 물론 실수는 실패가 아니다. 성공으로 가는 과정일 수 있다. 이러한 생각을 한다면 자기 자신과의 화해 또한 쉬운 일이다.

"자신과의 화해는 단지 실수 뿐만은 아니다."

누구나 타인의 큰 상처보다는 자기 손톱 밑에 가시가 제일 아픈 법이다.

가족이나 타인들의 사랑을 얻지 못한 자신을 미워하지 말아야한다. 있는 그대로 보자. 그렇게 되면 화내는 일이 줄어든다. 삶을 긍정석으로 보려고도 하지 말고, 부정적으로 보려고도 하지 말자. 그냥 있는 그대로 보자. 그래야 나 자신과의 화해도 서둘러진다.

남에게 어리광 피우지 말고 자기 자신에게 어리광을 허락해야 한다. 자기 자신을 먼저 보살피자. 피로하고 힘든데도 무리해서 웃어가며 멋진 척 할 필요는 없다.

지금 우리 딸들에게는 누구에게나 친절한 사람보다는 자기 자신에게 먼저 친절을 베풀 줄 아는 힘이 필요하다. 그 힘은 어디서 나오는 것일까? 우선 자기 자신을 용서할 줄 알아야 한다. 자기 자신의 미운 점이 있다면 화해할 줄 알아야 한다.

오래전 만난 19살 소녀가 있었다. 그 소녀를 만났을 때 자신감도 없고 기죽은 모습으로 고개를 떨구고 있었다. 차근차근 이야기를 나누면서 알게 된 것은 그 소녀는 부모님에 대한 불만도 적잖이 많았다. 다른 친구들의 가정처럼 화목하지 않은 것에 대해서 분노를 표현하기 보다는 자기 자신을 탓하고 있었다. 그러면서 자신이 너무 못났다는 것에 괴로움까지 토로 했다. 거기에다가 더욱 힘들었던 사건은 어렵게 학원을 보내준 부모님에게 감사한 마음으로 컴퓨터 자격증을 취득하기 위해서 공부하다가 자격증 시험을 보러 가야 하는 날에 깜박하고 늦잠을 자서 시험을 못 보았던 것이다. 그 일로 인해서 자신을 너무 학대하고 있었다. 더군다나 이 일이 있은 후부터 다른 친구들보다 공부도 더 잘하고 싶은데 그렇지 못한 자신을 미워하고 있었다. 이렇듯 누구나 이러한 실수나 안타까운 사연이 있을 수 있다. 이렇게 속상한 마음이 있다면 이젠 나를 용서해주고 토닥여 주어야 한다. 그래서 스스로 화해할 줄 알아야 한다.

지금 유쾌하고 신나게 잘 살고 있다고 생각되는데 도대체 나의 어떤 면을 용서하고 화해해야 하는 것일까? 라고 의문이 드는가? 어린 시절부터 부모님과의 관계, 형제자매들과의 관계, 친구들과의 관계 속에서 후회되는 일이 있을 것이다. 아쉬웠던 사건 때문에 자신을 용서하지 못한 일이 있을 것이다. 그 일은 이미 지나간 일인데도 불구하고 그때의 자신을 용서하지 못하고 있다. 또한 과거에 용기를 내지 못함을 미워하고 있을 것이다. 후회스런 마음 때문에 지금까지도 아쉬워하며 스스로 학대하고 있을 수도 있다. 그런 자신을 이제는 이해해주고, 위로해주고, 용서하며 화해하자.

내가 귀한 존재라는 생각이 들지 않았던 때가 있었다면 그래서 내가 미워졌다면 그런 나 자신과 화해 할 수 있어야 한다. 내가 가치 없는 존재로 미워하고 있다면 그런 나를 위로해 주어야 한다.

어릴 적에 부모나 주위에서 해준 말 때문에 내가 나를 하찮게 생각하고 미워했다면 토닥여 주어야 한다. 타인이 나를 위로해주는 것보다도 더 큰 위로는 스스로 위로해 주는 것이다. 먼저 화해하지 않고 있다면 세상 사람들이 모두 위로해주어도 그것이 마음으로 받아들여 지지 않는다. 그냥 덕담으로 들릴 뿐이다.

타인들과의 갈등도 힘이 들지만 에너지를 갉아먹는 자신의 갈등이 더 힘들다. 더 이상 타인들이 나를 함부로 하지 못하도록 하기 위해서도 자신과 화해하고 그 일을 재 도전하자.
부끄러운 내 모습과도 악수하자.
따뜻하고 평안한 느낌으로 나를 어루만져 주자.
패배의식에 사로잡혀있는 나에게도 끊임없이 힘내라는 기운을 던져주자.
인정받고 싶어 안달하는 내 모습에도 따뜻한 마음 한 웅

큼 뿌려주자.

타인의 기대에 부응하지 못하였다고 죄책감가진 나에게도 따뜻한 눈빛으로 감싸주자.

누군가를 사랑한다는 것은 그를 비판하지 않는 것이라고 한다. 그렇다면 나를 사랑하게 되면 자신을 비판하지 않게 되는 것이다. 자신과 화해해야 하는 이유이다.

이 세상 그 누구도 업신여기지 말라고 배웠다. 자신을 절대로 업신여기지 말고 용서와 격려하는 마음을 가득 채우자.

용기 있는 결단이 나 자신에게 자유를 부여한다. 이것이 내면의 자유의 시초이다. 자유로워진 삶을 대하는 용기가 지금보다 더 충만해 지금보다 더 진보하게 한다.

자기 자신과 화해를 이끌어내는 순간 내 삶을 긍정적인 힘으로 인해 충만하게 끌어 올릴 대 사건이 일어나게 된다. 타인과의 화해에는 적극적으로 시도하면서 자신과의 화해를 하지 않고 노력도 하지 않는다면 현재의 삶에 만족해야만 한다.

바라는 일과 삶을 얻기 위해 나 자신과의 화해를 계획하고 추구하자. 마음속에 장애물이 있다면 과감히 허물어버리자.

그러기위해서 나 자신한테 점점 더 가까이 다가가자.

인사하자.

안녕! 이라고. 그리고 꼬~옥 안아주는 것부터 시작하자. 그래야만이 내 상처를 통해서 내 삶의 역동이 생길 수 있다.

사람들은 자기 자신의 일에 대해서는 그 원인을 제대로 파악하지 못한다. 나에게는 이런 상처가 있기 때문에 나는 이렇게 살 수 밖에 없다고 체념하는 삶의 태도를 갖게 되는 것은 한 번 뿐이 소중한 내 삶에 너무 안타까운 일이다. 자신의 상처를 객관적으로 바라 볼 수 있는 눈을 잃어버리지 않기 위해서 나 자신의 상처와 화해해야 하는 것이다.

나에게 일어나는 모든 불행이 자신의 탓이라는 생각에 빠지게 놔두면 곤란하다. 내 안에 상처가 있다면 그 상처를 낫게 하는 방법도 나 자신이 할 수 있다. 몸에 난 상처는 약을 바르거나 의사에게 보여서 나을 수 있지만 내 마음의 상처는 어디까지나 자신인 것이다. 중요한 나 자신과의 화해는 더 멀리 전진할 수 있는 원동력이 된다.

이러한 원동력은 머리가 좋거나 집안이 좋아야만 되는 것이 아니다.

겸허한 마음으로 자신을 들여다 볼 수 있는 사람이면 된다. 끊임없이 들여다보며 진정한 내면의 목소리로 내 안의 상처를 드러낼 수 있게 되고 화해 할 수 있는 능력도 생길 것이다.

우리는 흔히 친구와 싸우거나 갈등이 생긴 후에는 먼저 사과하고 화해하는 것을 좋은 덕목으로 배운다.

마찬가지로 자신에 대해서도 무언가 맘에 들지 않고 후회되는 일이 있다면 속상해 하거나 외면하지 말고 그러한 자신과 만나서 그럴 수밖에 없었던 이유가 분명 있을 것이라고 믿어주고 다시 힘을 주는 것이 필요한 것이다. 나 자신에게 먼저 용기를 주고 손을 내밀고 손잡아 주어 일으켜 세워주는 일이 필요하다.

후회스러운 과거 자신의 모습, 아픈 기억, 아픈 상처를 꼭 안아주며 스스로 화해하지 않고 회피하거나 외면해 버리는 것은 내 삶의 발전의 싹을 밟아 버리는 것과 같다. 이러한 행동으로 삶을 살아가면서 생기는 갈등이나 문제는 모두 남의 탓이며 자신의 운명 탓으로 돌려 버리게 된다. 물론 모든 인간은 회피하고 싶고 도망가고 싶은 유혹이 있을 수 있다. 하지만 좋은 것을 취하기 위한 사람은 바로 나 자신이다.

## 자신의 감정을 편집하지 않는다

 타인의 감정을 책임지려고 애쓰는 일은 많다. 또한 자기 자신의 감정은 타인에게 책임지우려고 하는 경우도 많다. 그러나 자신의 감정의 책임은 오로지 나 자신임을 기억하자.
 자기 권리를 위해서 싸울 때 지지해주기보다는 부정적인 반응을 하는 사람을 만나게 되는 순간 당황스러울 것이다. 하지만 그런 반응을 받아들일 각오와 용기를 가지고 타인의 감정에 대응하는 방법을 배워야 한다. 그리고 자신의 감정흐름도 의식해야 한다.

살아가면서 가장 큰 공부라고 한다면 감정을 조절할 줄 알고 지배하는 훈련이라고 한다. 자기의 감정에 걸려 늘 넘어지는 사람은 세상으로 나가지 못하고 만다. 나간다 해도 주변에서 머뭇거리다 말고 중심에 서지 못하게 된다.

자신의 감정을 솔직히 표현하는 것은 상대방에게 책임전가를 위함이 아니다. 상대방을 통제하기 위함도 아니다.

사춘기를 호되게 앓고 있는 여학생을 만난 적이 있다. 그 여학생은 무슨 일이든지 모두다 부모 탓으로 다 돌리고 있었다. 자기 자신이 이렇게 문제아가 된 것도 부모 탓이고, 이렇게 부모에게 욕까지 하게 된 것도 부모 탓이라고 한다. 자신은 잘하고 싶은데 엄마 아빠가 자신의 화를 돋운다는 표현도 서슴치 않고 하는 것이다. 그러면서 친구들 엄마 아빠는 친구들이 화를 내지 않게 말하는데 우리 아빠는 그렇지 않다고 하면서 여전히 부모 탓만 하고 있었다. 물론 부모님의 영향 또한 없지 않을 것이다.

이 세상을 살아가면서 내 마음대로 할 수 있는 것이 있다면 바로 자신의 감정일 것이다. 물론 매우 어려운 일이기도 하다.

  내 감정을 내가 조절할 줄 알게 된다면 스스로 기운을 일으키는 사람이 된다. 자기감정에서 헤매다 보면 세상의 중심이 되지 못하고 그저 주변을 어슬렁거리는 구경꾼으로 전락할 수 있다. 사소한 감정을 조절 못하여 힘들고 갈등하며 살기에는 우리 삶이 너무나 소중하다. 나의 감정을 조절하여 지배할 수만 있다면 한계를 넘게 넘어 새로운 가능성이 열리게 된다.

  필자는 20대 여성을 만났적이 있다. 그는 타인의 기준에 맞추어 자신의 감정을 편집해버리는데 익숙했다. 우리의 딸들은 그렇지 않은지 묻고 싶다. 남들이 요구하는 대로 우리의 감정을 적당히 억제하고 기존의 방식대로 지낸다면 어느 누구도 자신을 위한 책임감을 알아주지 않는다. 감정을 조절하고 지배하는 것이 이기는 것이라고 말하면서도 또 그만큼 중요한 것이 감정을 있는 그대로 표현할 줄 알아야 하는 것이다. 특히 우리 딸들에게는 더욱 그러하다.

  자신에게는 물론이고 타인에게 숨겨야 하는 감정이 있다

면 매우 힘든 일이다.

다시는 상처받지 않으려고 자신을 학대하며 자기 자신의 감정을 억누르고 살지 않았는가? 스스로에게 물어보자.

어린 시절 부모로부터 자주 듣고 자란 말이 무엇인지 생각나는가? 그 말을 들었을 때의 자기 자신의 감정은 어떠했는가? 어떤 생각들을 했었는가?

자신의 감정을 억제하며 다른 사람을 기쁘게 하려고 노력하거나 애쓰지 말자. 나를 먼저 생각하고 내 감정을 먼저 어루만져 주자. 진정으로 자기감정에 충실한 사람은 상대를 억지로 기쁘게 해주거나 달래 주지 않아도 상처받지 않는다.

다른 사람을 기준으로 느끼는 감정인지, 내가 주체가 되어 내가 주인 되어 느끼는 감정인지 점검해보자. 내 감정을 표현하기 위해서는 신념과 용기가 필요하다.

내 감정을 표현하지 못하고 산다는 것은 자기 자신을 잃어버린 채로 살고 있는 것이나 다름없다. 나의 감정을 상대방의 감정을 기준으로 편집하지 말자. 상대방의 감정에 주파수를 맞추는 것처럼 나의 감정에도 주파수를 맞추어야 한다.

감정은 흘러야 한다. 막혀있으면 안 된다.

특히 여자들이 범하기 쉬운 오류 중에 하나는 내 감정표현을 억제하면서 그저 나 하나 참으면 된다고 생각한다. 이에 대한 사회적 증빙이 확실한 대중가요가 있다. 시대적 유행을 가장 잘 표현한 노랫말일 것이다. 가냘프게 넘어가는 이미자의 '여자의 일생'을 다 알고 있을 것이다. 가사에 "견딜수가 없도록 외로워도 슬퍼도 여자이기 때문에 참아야만하는…" 등 시대적 표현이 잘 나타나고 있다.

이러한 유머도 유행하고 있다. "세상에서 가장 어려운 것은 무엇인가?, 사랑했다는 이유로 100년을 살아줘야 하는 것이다."

서술한 유행어는 한국에 국한된 듯싶지만, 기드 모파상 『여자의 일생』도 있다. 소설의 배경은 프랑스 왕정복고부터 1848년 혁명에 걸친 기간이지만, 한 시골 귀족 여인, 잔 르 페르튀 드 보가 수도원을 떠나 콕스에서 죽음을 맞을 때까지의 일생에 초점이 된 작품이다. 주인공은 인색하고 무자비하고 야심에 찬 남편으로부터 환멸을 겪게 되어 결국 체념에 빠져들어 온갖 시련 겪으며 타락, 부모의 죽음, 고독, 가난 등에 대한 폐학적 감정으로 살아가는 인류의 딸, 여자의 일생을 그린 것이다. 여자의 숙명을 자연주의의 일부로 치부하는 현상은 인류사에서 쉽게 찾아볼 수 있다. 『여자의 일생』은 인생의 덫과 함정, 미련, 기회, 희망을 자연과 동물적 힘으로 감성적인 여성으로부터 자연의 성적 본능을 억누르는 결혼에 대한 모파상의 회의와 비관적인 견해를 가지고 있다.

물이 고여 있으면 썩어버리듯이 내안에 억제된 감정도 고여 있으면 썩게 된다. 관계를 통해서 내 안에서 일어나는 감정을 어려서부터 억제하도록 배워져 왔기 때문에 성인이 되어서도 건강하게 감정을 표현하지 못하고 묻어두는 경우가 많다. 감정적으로 소외감 느끼지 않기 위해서 내 감정을 무시하지 않는 것이다.

감정을 읽어주게 되면 완전하게 해결은 되지 않디라도 감정이 더 이상 악화되지는 않는다고 한다.

감정이 일어나면 호흡을 하자. 들이쉬고 내쉬는 동안에 감정은 흐르게 된다. 들 숨과 날 숨을 천천히 하면서 잃어버린 자기 자신을 찾고 내 감정을 꺼내어 들여다보자. 읽어 주자. 내가 주체가 되어서 느끼는 감정이어야 한다. 감정을 편집하지 않고 꺼내어 읽어보는 이유는 상대를 공격하기 위해서가 아니다. 내 안에 평화를 위해서이다. 잃어버린 나를 찾기 위해서이다.

호흡하는 것은 아주 쉬운 일이다. 그런데 그동안 중요하게 생각하지 않았던 것뿐이다.

이제 자신의 감정을 함부로 편집하지 말자. 주체적으로 내 감정을 꺼내어 맑은 물에 헹구듯이 호흡하자.

내 삶에 스며들 수 있도록 훈련하자. 그래서 확실히 내안에서 일어나는 감정을 내 것으로 만들자. 의식의 성장으로 이어지게 관리하자.

무감각해 지지 않아야 한다.

내 인생을 킬링 할 것인가? 힐링 할 것인가?는 나의 선택이기 때문이다.

## 과거로부터 탈출한다

"여성들은 자신이 해 놓은 것이 무엇인지 끊임없이 뒤돌아보는데, 그것은 오히려 자기 발전에 장애가 된다...중략..."
유명한 '시몬 드 보부아르'의 말이다.

여자의 과거는 무슨 일이 있어도 말하지 않아야 한다고 말한다. 뒤끝이 의외로 길게 가는 찌질한 남자들이 많기 때문이다. 하지만 여기서 말하는 과거로부터 탈출한다는 제목에서의 과거는 서두에 말한 그런 과거가 아니다. 여기에서 말하는 과거는 자신의 미해결과제를 말한다. 그때 그 일을 꼭 했었어야 했는데, 또는 그 때 거길 가지 말았어야 했는데 등등이다.

지인의 딸 이야기이다.

그 딸은 대학을 졸업하고 취업도 잘 안되고 하니까 캐나다로 유학을 갔었다. 영어라도 열심히 공부하고 와야 겠다는 생각으로 고심 끝에 보낸 것이다. 그런데 유학을 가서 영어를 공부하고 와서 번듯한 곳에 취업을 하기를 바랬는데 그곳에서 남자를 만나서 임신을 하게 되었고 공부를 중단하고 결혼을 하게 된 것이다. 그 후로 지인은 딸을 유학 보내지 말았어야 했다는 그 과거에 멈추어져 있는 것이었다. 그러면서 딸의 손주를 봐줘야 하거나 일이 생길 때마다 그때 유학을 보낸 것이 잘못이었다며 모든 탓을 유학으로 돌려버리는 것이다.

비단 이 지인의 사연만이 아니다. 우리는 흔히 겪게 된다. 특히 딸들이 가정과 사회에서 성장하면서 겪은 많은 문제들이 있었다. 때론 우리의 머리와 가슴속에 아름다운 추억도 있지만 반대로 상처로 남는 것들도 많다.

어린 시절 가정에서 부모나 가까운 양육자로부터 충분한 위로를 받거나 충족 받지 못한 심리적인 결핍이 있을 때 성인이 된 후에도 여전히 어린 시절의 그 감정과 행동이 남아 있을 수 있다. 어쩌면 내 탓이 아니었음에도 자신을 스스로 비판하게 된다. 스스로 즐기는 것을 어려워하기도 한다. 어려운 일을 당하면 회피하거나 지나치게 반응할 수도 있다. 너무 혼자서 책임지려고 하거나 또는 전혀 책임지지 않고 무책임하게 될 수 도 있다.

적절한 반응이 어렵거나 혼란스러워 하기도 한다. 끊임없이 인정받기를 바라고 확인한다. 특히 권위적인 사람들 앞에서는 지나치게 위축되고 편하게 대하지 못하게 된다.

혹시라도 이 처럼 어린 시절 상처받은 자신 속에 빠져있다면 그 속에서 나와야 한다. 그래야 과거의 잘못을 관대히 용서하는 힘이 있다. 용서를 해야 한다면 제일 먼저 부모를 용서하는 것이 필요하다. 그들도 완벽하지 못하다. 그들도 그들 부모로부터 상처를 받고 살아왔을 수도 있지 않을까? 내가 나를 용서하게 되면 다른 사람을 비판하지 않게 된다고 한다.

이렇게 어린 시절 나의 과거로부터 탈출해야 한다. 그 과거라는 연못에서 허우적거리지 말고 수영하여 빠져나와야 한다. 수영을 못한다면 도움을 받아서라도 빠져 나올 수 있어야 한다. 지금 이 글을 읽고 있는 그대라면 충분히 빠져 나올 수 있는 힘이 있는 것이다. 도움을 받을 사람들이 주변에 있을 것이다. 과거가 현재의 나를 만들었다는 말도 맞는 말이지만 우리 인생에서 과거의 문제들은 현재 문제나 미래에 올 문제들보다 심각하지 않다.

인생은 네 바퀴의 자동차가 움직이는 것과 같다. 한 쪽 바퀴가 고장 나면 잘 달릴 수 없기 때문이다. 고장 난 한 쪽 바퀴를 고치는 것처럼 과거로부터 빠져 나오자.

내가 안고 있는 상처 난 감정들을 껴안고 있다는 것은 현재에도 미래에도 지나친 수치심과 죄책감을 키우는 것이다.

과거에서 탈출하기 위해서 나의 장점과 단점을 나열하자. 단점은 인정하고 고쳐 나가고 장점은 더욱 발전시키면 된다. 그러면서도 과거 어느 시점에 매달려서 내면의 자유에 억압당하고 살고 있지 않은가도 살펴보자. 어쩌면 약점에 감금당해서 자기 자신의 강점을 너무 모르고 산다. 자신의 외모, 가정, 성격 등을 포용하도록 하는 것을 배우지 못하였을 뿐이다. 오히려 그 약점을 탓하거나 그 약점을 구실로 삼아서 안 될 수밖에 없는 이유들을 찾고 있는 경우가 아닌지 따져보자. 나의 약점을 인정하게 되면 타인의 약점도 인정하게 된다. 나의 약점에 너무 집착하면 내 행동능력을 상실하게 된다.

나의 얼굴을 성형하지 말고 나의 약점을 대하는 내 마음을 성형하자. 이 세상에 나같이 불행한 사람은 없을 것이라고 생각했었다면 이제 그 생각에서 벗어나자. 어려움 앞에서 늘 비관만 했었다면 이제는 바꾸자.

당신은 지금 매우 중대한 어떤 계획에 참여하고 있다고 스스로 생각하라. 그 책임의식이 당신을 변화시킨다. 과거에서 탈출에 성공하기만 한다면 당신은 꼭 성공한다.

미래는 바꿀 수 있지만 과거를 변화시킬 수는 없기 때문이다. 나는 지금까지 끝이 보이지 않는 터널을 본적이 없다.

지나간 과거에 대한 후회와 미련이 과거를 바꾸어 주지 않는다. 과거를 탈출한다는 것은 과거와 화해한 다는 것이다. 과거와 화해를 이루기만 하면 이제 있는 그대로의 자신을 받아들일 수 있고 자신의 욕구도 알 수 있다. 그리고 무엇이 진정으로 나에게 기쁨을 주는지를 더 정확하게 알 수 있게 된다. 이런 지점을 꼭 만나고 느껴보길 바란다.

### 분노를 표현할 줄 안다

　어느 날 나를 찾아온 20대 직장 여성이 있었다. 그 여성은 좋은 일에 대해서는 표현하는데 어려움을 느끼지 않는 듯하였다. 하지만 분노의 감정을 이야기 할 때는 머뭇거리거나 적절하게 표현하지 못하는 것이었다. 어린 시절부터 참아야 한다는 것을 많이 배웠다고 한다.
　우리 사회에서 남자는 살아가면서 세 번 울라는 말은 흔히 들어본 말일 것이다. 반면에 여성들은 감정표현이 남성들보다 쉽게 하여 정신건강이 더욱 좋다고들 한다. 그런데 이 여성은 어려서부터 적절하게 감정표현을 하지 못하는 분위기에서 살아왔던 것이다.

다양한 관계 속에서 자신의 건강한 감정을 적절하고 안전하게 표현할 수 있다는 것은 정말 귀한 일이다.

내 안에 분노를 적절히 흘러나오도록 표현할 줄 알아야 한다. 분노조절에 취약한 사람을 한마디로 표현하면 휘발유 같다고 말할 수 있다. 내가 왜 이러지 라고 생각을 하면서도 자동적인 행동이 의도적인 행동으로 바뀐다.

누구든지 "자신을 많이 판단하고 비판하면 우울증이 오고, 타인을 많이 판단하면 분노가 인다고" 한다. 여자들에게 더욱 그러하다. 그동안 분노표현은 여자에게는 금기시 되어 있었다.

분노를 적절하게 표현할 줄 알게 되면 언제나 적극적인 사람이 되기 위해서 여야 한다. 분노를 적절하게 표현하고 싶으면 내면의 힘이 있어야 한다. 적절하게 내적 긴장을 가져야 한다. 분노를 억제하게 되면 내면화되어 쌓였다가 언젠가는 화산이 폭발하듯 터져 나오거나 화병이 된다. 반대로 내 안에서 분노가 싹이 트는 것을 스스로 자각하게 되면 엄청난 긍정의 에너지가 생겨난다. 타인을 해하려는 분노가 되지 않게 된다. 내안에 분노를 빠르게 감지 할 수 록 의미 있는 행동으로 이어지기가 쉽다.

압력밥솥에 밥을 하게 되면 정말 밥이 맛이 있게 된다. 물론 불 조절이 관건이다. 그리고 적당하게 뜸을 들이다가 김을 빼주는 것이 중요하다. 하지만 불을 조절하지 않고 계속 불을 켜놓는다면 압력밥솥은 터지고 만다. 이렇듯 우리들의 분노도 스스로 자각 하고 조절하는 것이 중요하다.

상담과정에서 여성들의 분노를 표출하는 방법으로 실제로 역할극이나 마음껏 하고 싶은 말은 하거나 욕을 하게 한다. 준비한 방망이로 의자를 내리치고 소리 지르게 하는 장면들도 본 적이 있을 것이다. 그렇게 하고 나면 마음속에 부정적인 감정쓰레기도 많이 버려진다. 이젠 마음에 여유가 생긴다. 공간이 생긴다. 다시 긍정에너지로 채울 수 있는 공간이 생기는 것이다. 내 감정, 내 분노에 빠져있을 때는 보이지 않던 것이, 분노를 표현함으로써 내가 그 문제 밖의 상황에서 객관적으로 볼 수 있게 된다. 내 문제를 스스로 결정할 수 있는 힘이 생긴다.

어떤 것에 화가 난다면 그것을 감수할 수 있는 것인가, 혹은 저항이 일어나는가를 들어보는 것이다. 그리고 저항하기로 하였다면 어떻게 어떤 방법으로 저항 할 수 있겠는가를 자신에게 물어보라.

스스로를 자각하면 된다. 스스로 태도를 바꾸자.

인간은 참으로 습관적인 동물이다. 내면의 통제가 없으면, 또 내면의 대화가 없으면 거의 대부분 예전의 안 좋은 습관으로 돌아 가버리게 된다.

내가 가장 두려워하고 가장 피하려고 하는 게 무엇인가를 파악해봐야 한다.

끊임없이 자기 자신에게 질문을 던져라. 나는 나의 분노를 정당하게 표현하고 있는가! 그냥 넘어가지 말자.

"애석하게도 분노를 스스로 조절할 수 있는 사람이 아주 드물다."

이제 우리에게 필요한 것은 분노를 억압하는 방법이 아니라 분노를 제대로 표현하고 분노를 스스로 통제할 줄 아는 힘이다.

내 몸에 붙은 지방덩어리나 군살을 덜어내려고 노력하듯이 내 안에 분노도 덜어내는 것이다.

건설적인 방법으로 자신의 분노를 표현하게 되면 분노가 있던 그 빈자리에는 나 자신이 새롭게 원하는 것을 다시 담고 키워 낼 수 있다. 내 안의 분노를 그대로 방치해 두면 내가 가진 가능성을 점령해버려서 꼼짝도 못하게 한다. 분노의 감정을 종이에 글로 써서 하루에 세 번 씩 소리 내어 읽어 버리고 먼지를 털어내듯 툭 툭 털어내면서 버린 것처럼 느끼도록 노력하는 것이다. 이 노력을 꾸준히 해 나가면 자신의 분노는 잠재의식에서까지 빠져나오게 된다. 이렇게 되풀이 하면 내 안에서 분노가 녹으면서 습관처럼 더 쉽게 자신의 분노를 표현할 수 있게 되고 자신의 진심을 만나게 된다. 그러한 진심이 쌓이면 바로 살아가면서 감동을 받을 수 있는 힘이 된다. 내 안에 분노를 풀어내는 연습도 하지 않고 자신을 학대하고 세상을 원망하는 것은 소중한 나의 삶을 팽개쳐 버리는 것과 다름없다. 나의 분노를 파괴시켜버릴 만한 힘을 가진 삶의 목표하나 건져내길 바란다. 그 목표가 분노를 표현하게 하는 행동력의 원천이 되게 하라.

무조건 분노의 감정을 억누르며 참는 것이 아니라. 건강하게 분노를 표현할 줄 아는 것이 여성으로서 당당하게 살아갈 수 있는 밑거름이 되는 진정한 힘이다.

다음은 '김태윤' 님의 말이다.

" 물위에 글을 쓸 수는 없다. 물속에서는 조각도 할 수 없다. 물의 본성은 흐르는 것이다. 우리의 성난 감정은 바로 이 물처럼 다루어야 한다. 분노의 감정이 일어나면 터트리지 말고 그냥 내 버려 두어라. 마치 강물이 큰 강으로 흘러가듯이 분노의 감정이 자신의 내면에서 세상 밖으로 흘러가는 모습을 즐겁게 지켜보라. 이것은 감정을 숨기는 것과는 다르다. 이때 필요한 것은 자신이 그런 감정을 느낀다는 사실을 분명히 인식하는 것이다. 그리고 그것을 자신에게서 떠나가게 하라. 그것은 부정하는 것이 아니라 자연스럽게 가장 지혜롭게 풀어주는 것이다."

## 자기 생을 낭비하지 않는다

"스스로를 자기 안에 가두지 말자
형식에 얽매이지 말자
부지런히 살자
아침에 10분 일찍 일어나자
5분 명상을 하자
저녁에는 30분 먼저 자자
돈도 아껴 쓰자
30분씩 운동하자
30분씩 책 읽자"

주위에는 이렇게 실천하기만 하면 행복해지고 성공의 길로 가는 좋은 말들이 넘쳐 난다. 이런 귀한 말들을 알고 있으면서도 막상 실천력이 없어서 아까운 시간을 허비하게 되는 일이 많다.

인간에게는 누구나 시기마다 즐거움도 있지만 어려움도 있기 마련이다. 그 때마다 그냥 주저앉아서 한탄하지 말고 씩씩하게 다시 일어나서 헤쳐 나가야 하는 것이라는 것은 잘 알고 있다.

무조건 바쁘게만 산다고 생을 낭비하지 않는 것은 아니다. 살아가는 동안에 얼마나 성실하게 열심히 살아가느냐 도 중요하다. 쉬어가면서 오랜 시간 일을 하는 것보다 짧은 시간을 일해도 열심히 땀 흘리는 것이 더 가치가 있는 것처럼 말이다. 또 어차피 해야 하는 일을 짜증을 내면서 할 것인지 즐거운 마음으로 할 것인지도 중요하다. 더불어 스티븐 코비의 말처럼 시간을 낭비하지 않기 위해서 시간표를 짜는 것이 아니라 우선순위를 정하는 것도 매우 중요하다. 그렇게 하려면 당신에게 중요하고 소중한 것이 무엇인지를 알아내야 한다.

시간과 나침반 중에서 어느 것이 더 중요하냐고 할 때, 목적에 따라 나침반이 더 중요할 수도 있다. 무슨 일이든지 무조건 시간을 내어서 열심히 일하는 것도 중요하겠지만 내가 가고자 하는 방향이 맞는 지를 먼저 확인하는 것이 더 중요하다.

열심히 앞만 보고 달려 왔는데 도착해서 보니 반대방향으로 와 버린 경우가 바로 그 경우이다. 이렇게 어느 방향으로 가야 할지 정하는 게 우선일수 있다. 그렇게 하려면 내가 중요하지 않은 일에 시간을 너무 많이 쓰는 것이 무엇인지를 찾아내자. 반면에 필요한 일에 시간을 너무 적게 쓰고 있지는 않은지 점검이 필요하다. 나는 지금 어떤 역할에 중심을 두고 있는지 알아야한다. 내가 진정으로 하고 싶은 일, 잘 할 수 있는 일, 좋아하는 일이 무엇인지를 충분히 알아내야 한다.

진정한 나의 자아가 원하는 것이 무엇인지를 찾아보는 것이다.

진정한 나의 자아를 위해서 일하는 것인지, 돈을 벌기 위해서 억지로 일하는 것인지, 정말 나 자신에게 도움이 되고 내 인생에 보약이 되는 일을 위해서 시간을 쓰고 있는지 점검해 봐야 한다.

나의 역할 중에서 필요 없이 에너지를 쏟는 역할이 있다면 과감히 잘라버려야 한다. 내 인생을 낭비하는 스케줄은 과감히 지워 버리자. 열심히 살아왔고 열심히 일했는데 허전함과 만족감을 못 느끼는 것이 바로 이것이다.

지금 생각해보면 인생에서 한 일에 대한 후회보다는 하지 않은 일에 대한 후회가 좀 더 클 때가 많았다. 최선을 다하면 된다. 완벽에 이르는 거는 없다. 인생에서 완성이 있다면 하루하루 낭비하지 않고 열심히 사는 것 자체가 완성인 것이다.

자기 생을 낭비하지 않기 위해서 시간을 아껴 써야 한다. 하지만 아까워하지 말고 정말 시간을 많이 써버려도 좋은 일이 있다. 바로 나 자신을 사랑할 시간이다.

조용한 시간을 마련하여 나 자신과 자주 만나야 한다. 스스로 점검해보고 자주 리뷰 해보자. 나의 외적인 부분을 점검하는 것은 중요치 않다. 즉, 나는 무엇을 할 때 제일 행복한지 무엇을 할 때 불행한지를 아는 것이 중요하다.

나를 사랑할 시간을 많이 쓰자. 아껴 써야 하는 것이 돈이라지만 진정 써야 할 곳에는 팍팍 써야 하듯이 아까워하지 말고 나를 사랑할 시간에는 팍팍 써야 한다.

진정으로 원하는 삶은 무엇인지 생각해보는 시간, 나를 위로해주는 시간, 나를 격려해주는 시간, 나의 실수를 만회할 수 있는 시간 등 나를 사랑하는 일이라면 무엇이라도 좋다. 기꺼이 시간을 할애하자.

문제를 해결하려고 애쓰는 자신을 위해서도 시간을 줘야 한다. 자칫 오해하기 쉽다. 사랑할 시간을 주라고 해서 말로만 나를 사랑한다고 하면서 사랑이라는 단어만을 쓰는 것은 아니어야 한다. 내안에 불안이 올라 올 때 그 불안을 인식하고 인정하는 힘이 있을 때 진정으로 자신을 사랑한다고 할 수 있다.

자신을 안전하게 보호하기 위해서 시간을 쓰라는 것이 아니다. 시간을 아끼라는 말도 아니다. 시간은 덜 쓴다고 해서 저축이 되는 것도 아니다. 더 쓰고 싶어도 쓸 수 없다. 다만 자신의 성장과 삶을 가치 있게 만드는 일에 시간을 분배해야 한다

현실에 직면할 용기가 있는 사람은 어떤 삶을 살고 싶은가를 생각하는데 시간을 많이 쓸 줄 안다. 이런 사람은 자기 생을 낭비하지 않는다.

내면의 불안이나 갈등을 인정할 힘이 없는 사람은 자신을 방어하고 보호하는 일에만 시간을 보낸다. 자신을 사랑하는 시간을 주기 위해서는 힘이 있는 사람인지, 아닌지를 되돌아 볼 필요가 있다. 평소에 내가 어떻게 살고 싶은가에 대해서 시간을 많이 할애 할수록 미래에 시간을 낭비하지 않게 된다. 더 많은 시간을 내 것으로 만들어 활용하며 살 수 있다.

나를 사랑하는 시간을 많이 쓰고 사는 것은 내 안에 의식을 자각 할 수 있다. 아무 의식 없이 살게 되면 아무 의미 없는 삶이 된다.

시간을 관리하면서 살 것인가? 시간에 쫓겨 가면서 살 것인가?

## 기꺼이 위험에 처한다

 앞에서 분노를 적절히 표현하도록 해야 한다고 했다. 그러면 이젠 이전의 상태에 계속 머물러 있을 것인가? 아니면 위험을 무릅쓰고 새로운 대안을 찾아보기 위해 시험해 볼 것인가?
 외적인 장애물과 내적인 장애물의 구분을 해야 한다. 그래야 현실적인 판단을 하게 되고, 스스로를 자책하는데 쉽게 빠지지 않게 된다.

그렇지만 현실을 부정할 수만은 없다. 현실을 수용하면서도 변화의 가능성을 포기하지 않으려는 강한 동기를 갖고 놓치지 말아야 한다.

그렇게 되면 자신의 가능성과 한계를 수용하게 된다.

'현재의 나'와 '가능성을 가진 존재로서의 나'를 수용하게 된다.

기꺼이 위험에 처한다는 것은 모험과 다름없다. 모험과 여성성은 서로 어울리지 않는 듯이 보인다. 그동안 여성들은 많은 면에서 도전과 모험보다는 지나치게 조심하고 머뭇거리는 모습을 보았다. 모험과 위험이 여성에게는 부정적인 이미지가 더 강했다. 하지만 이제 겁을 먹거나 주춤거리지 않기를 바란다.

경험해보지 않은 일은 후회를 해도 경험해본 일에 대해서는 후회하는 경우가 적다.

변화를 기대하는 사람은 모험을 두려워하지 않는다.

이 세상에서 당연한 일은 갓 태어난 신생아가 눈을 감고도 엄마의 젖을 찾아 먹는 것이라고 한다. 그 이외의 것은 당연한 것은 없다.

    우선 모험이라는 단어를 바라보는 시각을 바꾸자. 모험이 엄청난 것을 해야 하는 것이라는 생각도 바꾸자.

    바람의 딸 한비야처럼 배낭하나 메고 지구를 몇 바퀴 도는 것만이 모험이 아니다. 모험이란 그동안 당연한 것이라고 여겼던 내 안의 고정관념부터 꺼내어 적어보고 새로운 시각으로 다시 해석해보는 것이다. 그러면 기꺼이 위험에 처하게 된다.

    사춘기 딸이 집에 있기 보다는 친구들과 어울려 다니는 시간이 많고 친구들과 늦은 시간까지 밖에서 지내느라고 늘 늦게 귀가하였다. 게다가 만나고 다니는 친구들은 여학생들도 있지만 남학생과도 더 많이 어울려 다녀서 고민하고 힘들어하는 엄마를 그 딸과 함께 만난 적이 있다. 그의 엄마는 남학생들과 어울려 다니는 것이 몹시도 못마땅하고 걱정이 되었는데 막상 사춘기 인 딸아이를 만나 이야기를 들어보면 딸아이는 무척 당당하고 소신이 있었다. 남자친구들과 어울려 다닌다고 해서 다 위험하지 않다는 것을 엄마에게 이야기 했지만 엄마는 무조건 나쁜 쪽으로만 생각하는 것에 대해서 답답해했다.

필자가 보기에도 충분히 남학생들하고 어울린다고 해서 문제를 일으킬 아이 같지는 않았다. 이에 엄마의 입장은 당연히 구시대적 사고로 여성의 역할에 대해서 고정관념을 가지고 있었다.

콩나물시루 안에 콩나물처럼 안전하게 위험하지 않은 사춘기 시절이었다. 당연히 지금의 딸과는 반대되는 청소년시기를 보낸 것이다. 요즘 세상이 너무 험하고 묻지마 폭력이 많이 일어나고 있어 부모로서 걱정되는 마음은 누구라도 공감한다. 하지만 위험하다고 콩나물 시루안의 콩나물처럼 키울 수만은 없다.

콩나물 위에 덮어놓은 검은 보자기를 걷어서 햇빛을 보게 되면 금새 파랗게 질려버리는 나약한 콩나물처럼 키워서는 안 되는 사회이기도 한 것이다. 기꺼이 위험에 처해봐야 한다. 그 위험 이라는 것은 물리석인 환경이 될 수도 있지만 또 다르게는 당연하다고 생각했던 여자와 남자에게 적용하는 의식을 과감히 깨고 나오게 해 위험도 경험해야한다.

위에서 말한 모녀처럼 일시적인 갈등이 있을 지라도 기꺼이 위험에 처해지는 것이다. 그래야만이 살아가면서 발생할 수 있는 여러 가지 갈등상황에서 기존 어른 세대들이 해결하는 방법이 아닌 새로운 갈등해결의 힘을 가질 수 있는 것이다.

예를 들어 한 남자와의 관계를 끝내야 할 것을 피부로 느낄 때 다른 남자를 다시 만나지 못할 것 같은 두려움을 버리고 과감히 끝내는 것이다.

끝내 버리는 모험에서 위험으로 닥칠 것들을 미리 알아내는 예상문제를 뽑는 것이다. 그리고 준비하고 하나씩 풀어내면 되는 것이다. 기꺼이 위험에 처한다는 것은 그동안 내가 가지고 있던 관념과 관습을 깨는 것이기도 하다. 사회적으로 여성에게 요구되는 기대를 의식적으로 깨트려버린다는 뜻이다.

의식을 깨려는 자신이 두려워하며 위험에 처하지 못하는 나와 싸워야 한다. 남과 논쟁하는 사람은 반드시 이기거나 지게 된다. 하지만 스스로 자신과 싸우는 사람은 늘 최선을 다하기 때문에 죄책감이 없다. 어떻게 하면 이 모험을 극복할 수 있을까 고민하게 된다. 이것이 바로 기꺼이 위험에 처하는 이유이다.

위험에 처 했을 때 가장 좋은 방법은 내가 여기서 배우고 깨달을 수 있는 것은 무엇인가를 생각해 보는 것이다. 당당히 위험에 처하는 여자들이 많아질 때 우리 사회를 변화시킬 수 있게 된다.

안다는 것이 중요한 것이 아니라 행동에 옮기는 것이 중요하다.

지나온 삶을 뒤돌아보면 아무런 위험에도 뛰어들지 않고 사는 것이 위험한 것이 아닐까 싶다. 처음에는 그냥 편하게 살면 되는 건데 내가 지금 잘하는 것일까 겁도 날것이다. 하지만 내가 변화되고 도전하는 그 마음이 모이면 즐거움과 희열도 느낄 수 있다. 이세상은 나와 다른 방향으로 가고 있다고, 내가 감히 그 키를 잡을 수도 없을 것이라고 슬퍼하거나 실망하지 말고 차라리 내가 먼저 위험에 처하더라도 노력하는 방법이 더 현명한 방법이다.

예를 들어 인생 바다를 향해하는 배에 의해 내가 가고자 하는 방향으로 간다. 이처럼 사고방식에 따라서 행복과 불행은 교차된다.

행불행의 삶의 이치는 에로스의 화살처럼 두 종류가 있다. 하나는 황금화살이고 다른 하나는 납 화살이다. 그 중 황금화살을 맞은 사람은 황금처럼 정열적이고 아름다운 사랑을 간직하게 되고 납 화살을 맞은 사람은 납덩이처럼 차고 무거운 사랑, 즉 증오를 갖는 것처럼 행복과 불행은 외부에서 발생하기도 하지만 그 원인 또한 내가 뿌린 씨에서 발아된다.

여자가 사랑받고 보호받는 달콤함도 있지만 다른 한편으로는 쓰디쓴 편견과 육체의 연약함을 신으로부터 받은 것이다. 그렇지만 사회의 구성원으로 여자와 남자는 똑같은 인격체이다. 어떤 이유에서든 차별적 분리된 구성원이 아니라 뗄 수없는 빛과 그림자의 관계다.

내가 원하지 않았지만 알게 모르게 내안에 자리 잡고 있는 나쁜 습관이나 틀을 전혀 의식하지 못하고 있다면 삶이 너무나 괴롭게만 느껴질 것이다. 가만히 있어도 그저 힘겨울 뿐이다. 기꺼이 위험에 처한다는 것은 관습을 뛰어넘는 것이다.

사회가 원하는 기대를 의식적으로 깨뜨린다는 것이다. 원하지 않는 규범의식에 눈뜨고 변화시키려는 위험에 도전하는 사람만이 진정으로 자유로운 사람이다. 여기서 말하는 자유로운 사람이라는 것은 위험에 당당히 마주서기 때문에 늘 시끄러운 듯 보인다. 하지만 늘 균형 잡힌 안정적인 마음으로 삶을 대한다.

# Chapter 4

# 인생의 주인으로 살아가기 Ⅱ

## 자신을 사랑하고 믿는다

'네 이웃을 사랑하라'라는 말은 참 귀하고도 좋은 말이다. 하지만 지금 이 순간부터 '나 자신을 먼저 사랑 하자'라는 말을 딸들에게 해주고 싶다.

"여성이 우선 자신의 삶을 사랑하기 바란다. 그 다음에 남성을 사랑하길 바란다." 여성의 삶을 말한 '안니 르클레

르크'의 말이다.

누군가는 "사랑이란 잃어버린 자신을 찾는 일이다"라고 말했다.

어린 시절부터 따뜻한 사랑을 받아 본 사람은 타인을 사랑할 수 있다. 또한 나 자신을 사랑해보지 않은 않는 사람은 진정으로 타인을 사랑하지 못한다는 말은 누구나 알고 있다. 하지만 머리로는 알고 있지만 가슴으로 이해하거나 실천하지는 못하고 있다. 실제로 내 삶에 적용하지 못한다는 것은 모르고 있는 거와 다름없다.

나는 어린 시절, 다른 사람을 사랑해야 한다. 라는 말은 많이 들어봤는데 "너 자신을 먼저 사랑하라" 라는 말은 어느 정도 성장해서 책으로 읽어봤다. 아무리 더듬어 봐도 내 주변 사람으로부터 너 자신을 먼저 사랑하라 라는 말을 들은 기억이 가물거린다.

가끔 이러한 나의 어린 시절이 조금은 안타까운 마음이

들 때가 많다. 부모님의 사랑을 많이 받은 어린 시절이 있기에 조금은 다행스럽다. 부모님의 사랑마저도 나 자신을 더욱 편견과 고정관념으로 여성다움만을 강조했었다는 것을 나중에 알게 되었다. 그 후, 내 딸들은 물론 만나는 여성들에게 "자기 자신을 먼저 사랑하고 믿어라." 라고 말한다.

지금부터 자기 자신을 사랑한다는 것은 나에게 상처 주었던 말, 사건 등을 찾아서 기억해보고 마음속에서 털어내야 한다. 더불어 나에게 큰 힘이 되어주었던 격려의 말들을 해 준 사람을 기억해서 감사한 마음으로 자신을 아끼고 격려하는 편지를 써본다.

진정으로 자신을 사랑하는 사람은 어떤 어려움이 닥쳐도 쓰러지거나 포기하지 않는 딸로서 사랑이 전제가 되는 삶은 나를 알고, 나를 사랑하며 있는 그대로 인정하는 법을 찾게 된다.

나를 믿어야 하는 이유는?

내 안에 에너지가 있다. 보석 같은 숨겨진 에너지, 바로 그 힘을 꺼내어 쓸 수 있는 사랑은 나 자신을 믿어주는 것이기 때문이다.

시간 낭비하지 말고, 나를 믿어라

우리가 흔히 하나님을 믿을 때 무조건 믿으라고 한다. 어린아이가 아무 의심 없이 믿듯이 그렇게 하라고 한다. 자기 자신을 믿을 때도 바로 그렇게 믿어버리고 의심 없이 어린아이처럼 순수한 마음으로 나 자신을 믿고 사랑하자. 그 누구보다도 더 절실하게...

이 세상에 모든 심리학자들은 우리들에게 '자기 자신을 믿고 사랑하라'고 말한다. 나 자신을 믿기 위해서는 먼저 자신에 대해서 알아야한다. 알기 위해서는 나에 대해서 생각해봐야 한다. 내가 한 약속은 지키는 나인지, 내가 선택한 일은 책임지는 나인지, 무슨 일이든지 시작한 일은 끝까지 해내기 위해 노력하는 나인지?

여자라서 해서는 안 될 일과 꼭 해야 되는 일을 구분하고 있지는 않은지 생각해 봐야 한다. 진정으로 자신을 믿을 수 있기 위해서는 내가 하고 싶은 일과 하기 싫은 일을 구분할 때 여자라는 기준의 잣대를 가지고 있지 않은지를 꼭 생각해봐야 한다. 자신을 사랑하고 믿기 위해서 꼭 먼저 점검해야 할 일들이다.

　필자는 학교에서 성교육을 하며 많은 학생들을 만나게 된다. 50분을 넘지 않는 짧은 시간에 많은 이야기를 나눌 수는 없지만 몇 마디씩 나눌 기회가 있다. 이때 눈을 맞추고 이야기 하는 학생도 만나고, 또 자신의 생각이나 의견을 담담하게 이야기 하는 학생도 만난다. 그리고 궁금한 점에 대해서는 서슴없이 질문을 하기도 한다. 또 친구들에게도 함부로 대하지 않고 예의를 갖추기도 한다. 그런 학생들을 만날 때 확인해보는 것이 있다. 이들은 모두 자기 자신을 소중하게 생각한다는 것을 알 수 있었다. 그들은 더 나아가서 자기 자신을 사랑해야 된다는 것 까지 알고 있었다. 이렇듯 자기 자신을 사랑하는 사람은 타인에게도 함부로 하지 않음을 확인했다.

　힘들 때 마다 나는 이 세상에서 가장 소중하고 우주와도 바꿀 수 없는 귀한 존재임을 항상 생각하자. 사랑하는 것이 중요한 것이 아니라. 사랑 받았다고 느끼는 것이 중요하다고 느낄 수 있도록 내가 나를 믿자. 그 누구보다도 나를 사랑하는 사람은 나 자신이어야 한다. 그러므로 상처받지 않고 항상 행복할 수 있다. 더불어 사랑과 동정을 구별하여야 한다. 자신을 사랑하는 것과 동정하는 것은 다르다. 사랑한다는 것이 무조건 편드는 것이 아니다. 나의 단점까지도 사고하며 껴안고 인정하는 것이다. 다른 사람들의 비유를 맞추기 위해 자신을 학대하지 않고 정체감을 잃어버리지 않도록 끊임없이 노력하는 것이다.

스스로 많이 부족한 인간이 아니라는 것을 깨닫게 되는 때가 있다. 또 나 자신에 대해서 실망스러워지는 순간이 있고 자존심이 상하는 순간도 있다. 바로 이럴 때 사랑하고 믿어야 되는 것이다. 나를 존중해주고 힘들수록 자기 자신을 내동댕이치지 말고 잘 돌보며 마음까지 챙겨야 한다.

내가 나를 좋아하는 이유를 몇 가지나 가지고 있는지 적어보자.
타인에게 유익하게 하는 모습이 아닌 나 자신에게 유익하게 하는 내 모습을 적어보는 것이다.

몸을 건강하게하기 위해 운동을 하는 것처럼 영혼을 건강하게 하는 것은 자기 자신을 좋아하고 사랑하는 것 만한 것도 없다.

자신을 사랑해주고 자신의 존재감을 인정 할수록 성과는 커진다.

## 자신만을 위한 멘토가 있다


사람이라면 누구나 제 힘껏 살아가고 있다. 물론 당연한 일이다 하지만 이 세상은 혼자서 할 수 있는 일보다 함께 할 수 있는 일도 많다. 인간은 더불어 살아가기 때문이다.

인간관계를 발전시키는 데에는 사람의 마음을 읽어내어 마음을 움직이게 하는 것이 중요하다. 살아가면서 자신의 마음을 제대로 읽어내고 내 마음을 마음대로 움직일 수 있다는 것은 삶을 한층 더 발전시키는 요소가 된다.

마음을 정확하게 내가 읽어낼 수만 있다면 내 삶의 고민의 정체를 파악하는 것도 쉬워진다.

상대방을 충분히 이해하듯이 자신을 충분히 이해해야 한다. 어쨌든 이해하는 것이 나를 사랑하는 출발점이다. 슬럼프에 빠질 때나, 우울해 질 때 슬그머니 덮고 넘긴다. 이런 때 나에게 힘을 주거나 깨우쳐주는 도움을 요청할 사람이 있어야 한다.

혹 실수를 하더라도 정확하게 잘못을 깨우쳐 주는 사람이 있을 때 이상하게도 기분이 나쁘지 않고 오히려 기쁘게 받아들여지는 사람도 있다.

생각처럼 정확하게 꾸짖는다는 것은 쉽지 않다. 평소에 서로 신뢰가 있어야 한다.

신뢰가 가는 사람으로부터 충고나 조언을 들었을 때 자신의 행동을 뒤돌아보고 반성하며 앞으로 다시 나아갈 수 있게 된다면 정말 좋은 일이다. 바로 멘토라고 할 수 있다.

주변에 자신을 성장시켜주고, 현실을 바로 볼 수 있게 해주는 멘토가 있다는 것은 행운이라고 할 수 있다. 슬픈 일도 함께 슬퍼해주지만 기쁜 일이 있을 때 진정으로 기뻐해주는 친구가 있다는 것은 정말 행복한 사람이다.

필자 또한 주변에 애정을 가지고 충고와 격려, 지지해주는 멘토가 많은 것을 늘 자랑으로 삼고 있다.

오딧세이는 트로이 전쟁에 출전하면서 친구인 멘토에게 집안일과 아들을 맡겼는데 10년간이나 잘 돌봐주었다. 그 이후에 멘토라는 그의 이름이 인생을 이끌어주는 지도자로 쓰였다고 한다. 멘토의 진정한 의미는 "자신을 세상 속으로 당당하게 걸어 나아가게 도와주는 사람"이라고 한다. 내가 지쳐 있고, 자신감 없어할 때 나를 격려해주는 사람이다. 나의 숨어 있는 힘을 알고 나를 임파워먼트 해주는 사람이다.

상대방을 신뢰하고 그가 잠재능력을 최대한 발휘할 수 있도록 기회를 주고 도와주는 것이 임파워먼트다. 멘토는 멀리 있지 않다. 마음을 열고 둘러보면 아주 가까운 곳에 있다.

어려움에 닥쳤을 때 나에게 힘을 주는 사람이 있다면 나는 이미 가치 있는 삶을 살아갈 수 있다.

나와 뜻을 같이 하는 사람의 시각을 받아들이기만 하면 엄청난 유익이 있다고 배웠다. 그러한 시각을 전해줄 멘토가 있다는 것은 배가 항해할 때 나침반을 가진 것처럼 엄청난 힘이 된다.

두려움이 생길 때 그 두려움을 멘토와 나누어라. 나눔 자체로 벗어나게 된다.

나만의 멘토를 만나게 되면 그에게서 나를 성장할 수 있다. 그가 좋아하는 음식도 따라하게 되고, 그가 사람을 대하는 태도를 보면서 나도 배울 수 있다. 그가 삶을 살아가는 방식을 보고 배워서 따라하게 된다.

자신만을 위한 멘토를 만들 때 공유하는 마음의 면적이 넓은 사람을 선택하면 좋겠다. 다양한 관점을 가진 사람이면 더욱 좋겠다. 그래서 시각도 저절로 넓어지는 그런 사람이면 참 좋겠다. 목적이 흔들림 없이 안정적이고 판단이 정확하여 심리적으로까지 균형감을 가질 수 있다면 더 없이 좋은 일이다.

누군가의 도움 없이도 인생을 살아갈 수도 있다. 하지만 불완전한 삶의 길을 가면서 내 안에 힘을 끌어 모을 수 있도록 길잡이가 되어주는 멘토와의 관계는 삶을 풍요롭고 살만한 세상을 살게 한다.

여러 가지 아이디어와 정보를 가지고 이렇게 저렇게 생각하다보면 시간이 흐르면서 구체화가 될 것이다. 그러다 기회가 오면 주저 없이 손을 내밀면 된다. 물론 기회가 오기를 무작정 기다리지 않아야 한다. 내가 간절하게 바라고 있다는 것을 늘 인식하면서 그것을 향해서 노력해 나가는 사람에게 기회가 주어진다. 그 기회를 놓치지 않기 위한 나의 중심잡기에 누군가의 격려의 한마디는 사막에서 마시는 시원하고 깨끗한 생수 한모금과 같다. 물론 멘토라고 해서 살아있는 사람이어야 하는 것은 아니다. 고전에 나오는 인물 중에서도 그들이 남긴 주옥같은 말들이 때로는 나의 멘토가 되기도 한다.

인생에서 너무 너무 힘들고 어려울 때 멘토가 곁에 있어서 도움으로 다시 일어서본 사람은 또다시 누군가의 멘토가 될 수도 있다. 이것 또한 사람을 살리는 일 중에 하나다. 몸의 근육을 키워주는 헬스 트레이너처럼 마음의 근육을 키워주는 멘토를 만날 수 있기를 바란다.

## 현재를 산다

내 존재가 현재에 있는가? 질문을 던져보라.
내 마음과 정신이 지금 현재 어디에서 무엇을 하고, 어떤 생각을 하고 있는지 중요하다.

"인생은 꽃피는 것과 같다고 한다."

꽃은 영원하지 않으니까 피지 말아야 하나! 그렇지 않다. 꽃은 지는 것을 두려워하지 않고 계절이 오면 후회 없이 아름답게 피워 낸다.

미래를 걱정하면 현재 아무 일도 못하게 되고 두려움만 생긴다.

항상 here and now 를 살면 된다. 그냥 지금 여기에 있어야 한다.

현재에 집중하는 순간 우리 삶은 더 건강해지고 스스로 염려하는 마음이 없어진다.

현재가 있어야 친구도 만나고, 여행도 가고 일도 하게 된다. 미래에 대한 걱정이나 두려움은 현재를 열심히 살지 못하고 있다는 뜻이다. 과거에 대한 후회나 미래에 대해 불안은 안정되지 않다는 뜻이다.

지금 살기 힘들다고 지난 과거를 탓하며 후회하며 살 것인가. 막연한 미래를 걱정하며 살 것인가. 그냥 서두르지 말고 현재를 살자.


"자기 자신에게 큰소리로 말하라."

오늘을 살고 있는 나에게 큰 소리로 격려해주고 박수쳐주어야 한다. 그래서 지금 여기서 나의 인생을 즐겁게 살아가는 것이다.

잡히지 않는 안개 기둥 같은 미래를 상상하며 살 것인가!
지금 이 순간 현재를 살자, 그렇지 않으면 늘 허둥지둥 하며 살게 될 것이다. 내가 원하는 욕구를 찾고 그 욕구에 나의 성장과 미래가 담겨있다면 그것을 이루기 위한 과정과 의지만 있으면 된다. 그것이 원하는 미래를 바로 보며 매 순간에 살아내는 방법이다.

중요한 것은 현재를 반복적으로 의식함으로써 생겨나는 마음의 변화는 잠재의식으로 남게 된다.

그 마음의 변화를 내 것으로 받아들이고 공감할 때 현재를 살아가게 되는 훌륭한 힘을 발휘하게 된다. 그 힘으로 인내하며 끝까지 해낸다는 각오가 나의 잠재의식을 요동치게 하고 현재를 살게 한다.

내 마음에 솔직하게 '있는 그대로' 받아들이는 것이다.

어린 시절에 부모님이 큰 사업을 하며 부를 누리다 부모님의 사업실패로 하나도 남김없이 다 잃어버리고 친척집과 월세방을 떠돌며 살아가는 사람들을 주위에서 흔히 볼 수 있다. 그럴 경우에 부유했던 과거에 매달려서 현재를 받아들이지 못하는 것은 미래까지도 망가트릴 수 있는 위험한 일들이 사회문제로 대두되던 IMF가 있었다.

현재를 살아가는 나의 정신이 중요하다. 정신은 '내 안에 주입된 지배적인 사고를 바탕으로 성장한다.'고 한다. 그렇다면 내 안에 정신을 지배하는 사고를 점검해봐야 한다. 현재를 살고 있다는 것이야 말로 진정으로 현재를 살게 되는 것이다.

내가 어떤 잠재의식을 가지고 있으냐! 에 따라 내 안의 정서는 통제할 수도 있고, 확장시킬 수 있는지 끝없이 노력해야 한다. 그러므로 끈기 있게 노력하는 습관으로부터 통제하는 방법을 얻어낼 수 있다. 아무런 노력 없이 그저 원하기만 하는 것은 아무도움이 되지 않는다. 자칫 과거를 탓하기만 하거나 쉽게 얻으려는 태도는 자신도 모르는 사이 바닥으로 내려간다.

자발적인 노력이 있어야 현재를 살아갈 수 있다. 그러기 위해서 내 안의 힘을 분산시키는 부정적인 정서를 골라내야 한다. 내안에 부정적인 사고방식을 찾아내어 끊어내야 한다. 그래야 현재의 행복을 놓치지 않고 소유하게 된다.

더불어 이 순간 현재를 살지 못하고 있는 이유를 발견해야 한다. 나 자신의 약점이라는 원인들만이 아니라 뿌리 깊은 나의 잠재의식적인 원인들을 발견해야 한다.

늘 과거 어느 시점을 붙들고 사느라고 현재 자신의 변화를 이끌어내지 못하는 것은 어리석은 일이다. 나 자신의 변화가 주변 사람들에게도 좋은 영향을 미친다는 것을 잊지 말아야 한다.

어떤 상황에서도 행복한 마음을 놓치지 않는 사람이 현재를 제대로 사는 사람이다. 다람쥐쳇바퀴 돌듯 사는 사람은 현재를 살지 못 한다. 상처 있는 타인들을 위해서 살 때 삶에 의미를 발견한다. 사실 더욱 진정한 의미란 나의 내면을 들여다보는 것인데 내면을 비추는 거울은 사람에서 내가 비추어진다.

내가 어떤 상처가 있는지, 지금 나는 무엇 때문에 절망하고 있는지, 지금 나에게 필요한 도움이 무엇인지를 스스로 찾아낼 때 진정한 삶의 의미를 가질 수 있다. 명예나 권력을 갖는 것만이 성공이 아니다. 진정한 성공은 나의 존재의미를 찾아내는 것이다. 오지 않은 미래에 답이 있는 게 아니라 지금 살고 있는 현재 이 순간에 답이 있다고 한다.

현재를 산다는 것은 현재에 안주하라는 것이 아니다. 지금 이순간이 중요하다는 것이다. 지금 행복한 사람이 미래에도 행복할 수 있다. 지금 이순 간 공부하고 있다면 공부하는 그 순간을 진심으로 즐기라는 것이다. 지금 진로에 대해서 고민하고 있다면 말로 고민하지 말고 가슴으로 고민하는 것을 즐겨야 한다. 그것이 현재를 사는 것이다. 고민은 나중에 하자,

이만하면 대충 괜찮은 직장이니까 마음에 들지 않더라도 그냥 참고 다녀보자 라며 현재에 안주하며 살라는 것이 아니다. 그렇다고 지금 당장 직장을 그만두고 새로운 직장을 찾으라는 것도 더욱 아니다. 지금 현실의 어려움이 있다면 그 어려움을 외면하지 말라는 거다.

현재를 사는 사람은 비록 안 좋은 일로 일시적으로 힘들어

지는 일이 있어도 본질적으로 행복한 사람임에는 흔들림이 없는 사람이다. 그런 사람이 미래에도 행복할 수 있다.

"미래라는 선물을 구하러 다닐 것인가!" "현재라는 선물을 그냥 받을 것인가!"

## 신나게 놀 줄 안다

 신나게 놀 줄 안다는 것은 인생을 즐길 줄 안다는 것이다.
 "인생을 즐길 줄 안다는 것은 행복한 삶을 살고 있다"는 이다.
 인생을 즐겨라! 이 말을 모르는 사람은 없다. 누구나 즐기고 싶다. 그런데 인생을 즐기며 사는 법을 어려서부터 배운

적이 없다. 여름날 일하지 않고 그늘에서 기타 치는 베짱이를 오히려 놀고먹으며 빈둥 빈둥대는 것으로 배워 왔다. 그리고 논다. 라는 것을 무의미하고 시간을 낭비한다는 의미로 해석되기도 했다. 하지만 진정으로 인생을 귀하게 생각하며 살아가는 사람은 놀 때도 신나게 놀 줄 아는 사람이다.

하고 싶은 일이 있을 때는 수첩에 적어놓으며 방학 때나 시간이 날 때 마다 하나 씩 실천하며 신나게 놀 줄 아는 대학교 4학년 여학생을 알고 있다. 그 여학생은 기타를 배우고 싶다는 생각이 들었을 때는 열심히 기타 치는 친구들을 만나서 신나게 놀고, 노래를 부르고 싶을 때는 관심 있는 친구들을 모아서 노래 부르기에 빠져 있었다. 여행이 필요한 순간에는 계획을 세워 과감히 여행을 떠난다. 이것은 매순간 할 일이 없어서 노래 부르고 기타 치는 것이 아니라, 하고 싶은 일로 만들어서 하는 것이기 때문에 잉여의 시간 때우기가 아니라 열정적이고 신나게 즐기면서 노는 시간이 되는 것이다.

그 여학생은 늘 주변에 친구들이 많았다. 그 친구들은 함께 하는 시간으로 인해서 성취감과 즐거움을 함께 얻는 시간이 되는 것이었다.

인생의 목적을 문제없이 사는 것이 아니라 흥미진진하게 사는 것이 좋다. 얼마든지 신나게 살 수 있다. 그런데 우린 왜 신나게 살지 못하는 걸까? 왜 신나게 놀 줄 모르는 걸까?

여자니까 이래야 되는 거야, 여자답게 이런 일을 하는 거야라는 규칙을 누가 정했는지부터 다시 생각해보자. 그 규칙이 나한테 맞는 건지 다시 뒤집어 봐야 한다. 뒤집어 생각해보면 당연하지 않다.

스스로 인생에서 신나게 놀 수 있는 일을 매일 한두 가지씩 하기로 정하라. 거창하게 놀 수 있는 것을 찾지 말자. 아주 작은 것에서라도 내가 신나게 놀 수 있는 것들의 목록을 적어보고 실천해 보는 거다.

음악과 친해지는 것도 참 좋은 방법이다. 우리 삶을 살찌우는 주옥같은 명곡들이 얼마나 많은가!

음악, 미술 등 모든 예술가들이 머리를 쥐어 뜯어가며 탄생시킨 예술작품들을 우리는 간단하게 돈만 지불하여 사면 내 것이 된다. 신나게 놀 줄 안다는 것은 좋은 음악을 가까이 하면서 노화되어가는 나의 세포들을 깨우는 것도 한 방법이다.
작가의 고뇌하면서 탄생시킨 미술 작품들을 감상하면서 힐링되는 것도 좋은 방법이다.

막춤 추고 노는 것만이 신나게 노는 것이라고 생각한다면 이제부터 신나게 노는 방법의 종류를 직접 만들어 가면 된다. 음악과 예술 작품을 그저 감상하는 것만으로도 우린 인생을 신나게 놀아보는 여러 가지 방법 중에 하나다.
내가 제일 편하고 잘 할 수 있는 좋은 방법으로 된 신나게 놀 수 있는 레시피를 만들면 된다. 혼자서 신나게 노는 방법들을 찾기 어렵다면 할머니, 할아버지, 부모님, 친구들, 후배들, 선배들 그 누구라도 나의 주변에 있는 사람들에게 물어보면 인생을 맛있고 신나게 놀 줄 아는 방법들을 얻어낼 수 있다. 열정적인 마음만 있다면 신나게 놀 줄 알게 된다. 중요한 것은 시도해보는 것이다.

'어른의 가치는 현재 그 어른이 놀 줄 아는 놀이의 개수에 비례 한다' 어느 책에선가 읽은 구절이다. 신나게 놀 줄 아는 것은 내 삶에 더 많은 의미를 가져다 줄 수 있어야 한다.

지금은 돈을 벌어야 하고, 지금은 공부를 해야 하고, 지금은 일을 해야 하니까 일단 급한 것부터 하자. 신나게 노는 것은 다음에 하자라는 생각을 가지고 있다면 지금 바로 바꿔야한다. 어려서부터 잘 놀 줄 아는 사람이 나이 들어서도 잘 논다. 어려서부터 행복하게 하루하루 살아낸 사람만이 나이 들어서도 행복감을 스스로 찾아가며 살 수 있다.

한 번도 해보지 않고 생각만으로 가지고 있던 일은 나이가 들어서도 늘 생각만 하게 된다.

신나게 놀 줄 안다는 것은 내 삶의 주인으로 거듭나는 것이어야 한다. 더불어 사고의 유연성을 가졌다는 말과 같다. 이건이래서 안 되고, 저건 저래서 안 된다는 사고를 바꾸어야 한다. 사고의 유연성을 갖게 되면 자기 자신에게 많은 기회가 주어진다. 지금까지 논다는 것의 의미와 놀이의 방법을 확장해야 한다.

습관적이고 비생산적인 놀이에서 빠져 나오자. 신나게 놀 줄 안다는 것은 어떤 의도를 연결시킬 수 있어야 한다. 이미 일상적이고 가슴에 와 닿는 가치가 없는 것이라면 버려야 한다. 신나게 놀면서 내 마음을 좋게 해 줄 수 있는 것은 무엇이든 적어보자. 이렇게 적어놓으면 자기 자신이 소진되어 있을 때 언제라도 선택이 가능하다. 자신이 가지고 있는 재주와 지식에 따라 신나게 놀 수 있다. 자신의 능력이나 가치를 인식하기 어려운 경우도 있다.

예를 들면 어떤 내면의 억압으로 마음이 초조해진다든지 외로운 느낌을 떨쳐 버리고 싶을 때 나는 어떤 상황에서도 신나게 놀 줄 아는 사람이라는 느낌을 갖는 것만으로도 충분하다. 스스로 소외시키고 있다는 느낌을 갖지 않는 것이 중요하다.

내 삶이 지금보다 더 충만해지기 위해서 나의 어떤 능력을 사용해야 하는지에 대해서 늘 물어봐야 한다. 신나게 노는 일에서 겸손해지지 말자. 어느 곳에서든, 어떤 상황에서든 신나게 놀 줄 아는 사람은 진정 삶을 사랑하는 사람이다. 폭포처럼 쏟아지는 행복을 찾지 말라. 수많은 작은 것들에서 경험할 수 있는 행복이 많다. 이런 행복을 경험할 수 있는 사람이 신나게 놀 줄 도 안다. 젊은 시절에 신나게 놀 줄 아는 사람은 타인에게 휘둘리지 않고 자신의 의지로 살아갈 수 있는 것이다.

'루이자 메이 올콧' 은 인생을 아름답게 사는 법을 이렇게 말했다.
"일하는 시간과 노는 시간을 뚜렷이 구분하라. 시간의 중요성을 이해하고 매순간 순간을 즐겁게 보내고 유용하게 활용하라. 그러면 젊은 날은 유쾌함으로 가득 찰 것이고, 늙어서는 후회할 일이 적어질 것이다. 비록 가난할 때라도 인생을 아름답게 살아갈 수 있다." 라고 했다.

## 생각하며 산다

 "우리에게는 비록 의사표현의 자유와 언론의 자유가 있지만 의미 있는 말을 하는 사람은 자꾸 줄어들고 있다.
 생각의 자유가 있지만 항상 창조적 사고를 보장받는 것은 아니다. 선택의 자유가 있어도 도덕과 윤리, 관습 등에 그 폭을 제한받는다."라고 '존 바에즈'가 진정한 자유에 대해서 한 말이다.

창조적 사고를 보장 받지 못하고 있음을 공감한다.

어려서부터 스스로 자신의 내면에 들어가 사색하고 탐색하는 기회가 많지 않다. 특히 여성들은 오랜 세월 동안 비판 없이 받아들이는 것이 많았다. 그것이 미덕으로 배우기도 했다. 비판 없다는 뜻은 여성 스스로 생각하는 것이 없었다는 뜻이다.

인간의 생각은 말로 이루어진다. 자기생각을 글로 써보는 연습을 하면 그 생각의 깊이가 나오며 나의 생각은 행동으로 옮겨질 수도 있다. 생각하는 것이 그냥 흘러가게 내버려 두는 것이 아니라 나의 역사가 되어 삶에 도움이 되게 하려면 글로 써보는 것이다. 이것이 생각하며 사는 것이다. 그러면 생각을 같이 하는 사람들과 만나는 것이다. 자매애를 갖게 된다.

나의 생각을 가다듬고 생각을 정리하면 의식도 향상되고 인생의 선택의 폭과 참여의 폭도 넓어진다.

'생각하며 살지 않으면 사는 대로 생각하게 된다.' 라는 말을 우린 들어서 잘 알고 있다. 하지만 그 말이 가슴이 와

닿아 실천하기란 쉽지 않다. 도무지 무슨 생각을 어떻게 해야 하는지를 우린 모른다.

"생각은 생각하면 생각 할수록 생각나는 것이 생각이므로 생각은 아예 생각하지 않는 것이 옳은 생각이라고 생각한다." 라는 말을 어린 시절 장난처럼 많이 한 적이 있다. 이 말을 하면서 우리들은 한바탕 웃고 많은 고민들을 날려버린 것은 아닌지 모르겠다. 하지만 정말 인생을 내 것으로 만들어서 살기 위해서는 생각을 하며 살아야 한다.

우린 자녀들을 야단칠 때 "너, 생각이 있는 애니, 없는 애니?" 라고 말한다.

이것처럼 큰 꾸지람도 없는듯하다. 우리가 흔히 식물인간이라고 말하는 중환자실에 누워있는 환자분들도 뇌는 살아서 생각할 수 있다고 한다. 이렇듯 우리의 두뇌는 생각할 수 있게 만들어진 것이다.

조물주가 인간에게 준 선물 중 생각할 수 있다는 이 보다 더 귀한 선물이 또 있을까 싶다.

예로 백화점 세일에 가서 쇼핑을 할 때 세일품목이 눈에 들어오면 자질구레한 옷을 산 경험이 여러 번 있을 것이다. 그런데 나중에 정작 옷을 제대로 맞춰 입으려고 할 때 아무리 옷장을 뒤져도 입고 나갈 옷이 없어서 짜증 날 때가 있었다. 이는 충동구매로 산 것이기 때문이다. 어떤 옷을 어떻게 받쳐 입을 것인지 생각 없이 샀기 때문이다. 하지만 비단 쇼핑을 예로 든 것처럼 생각이 그리 단순한 사례만을 가지고 이야기하는 것은 아니다.

우리 딸들이 생각하며 산다는 뜻은 바로 이것이다. 그 생각도 "내가 주체가 되어서 할 때와 내가 종속적인 인간으로서의 생각"은 하늘과 땅 차이다.

아무 생각 없이 부모가 원하는 대로 삶을 사는 신세대들이 늘고 있다. 내가 원하는 대학을 진학하기보다는 부모가 원하는 방향으로 가는 경우가 허다하다. 부모의 경제력에 기대어 사는 것을 부끄러워해야 하는데 그렇지 않다.

우스갯소리 같지만 웃고만 넘길 수는 없는 이야기가 있

다. 뭐든지 엄마가 다 해주고 공부만 열심히 했던 자녀가 사법시험에 합격하여 판사가 되었다. 사건을 맡아서 판결을 해야 하는 데 한 번도 자기주장대로, 자기 의견을 내며 살아본 적이 없기 때문에 자기의 생각대로 할 수가 없어서 엄마한테 전화를 한다고 한다. "엄마, 이러 이러한 사건이 있는데 판결 어떻게 해야 돼?" 라고 물어봐서 엄마가 하라는 대로 판결을 한다고 하는 웃지 못 할 이야기가 있다. 우리 딸들은 쇼핑을 할 때 뿐 만이 아니라, 진로를 선택할 때는 물론이고, 배우자를 고를 때 등 전 생애주기별로 스스로 선택하고 스스로 책임질 때, 내가 주체가 되어 생각하는 것이 중요하다.

타인의 생각을 내 생각으로 착각하며 살아가는 딸들이 되지 않아야 한다. 부모의 생각, 선생님의 생각, 친구들의 생각이 바로 내 생각인줄로 착각하지 않고 다시 한 번 생각해보는 것, 바로 이렇게 사는 것이 여신 되는 길인 것이다.

나의 삶의 질을 높이기 위해서 나의 생각을 변화시켜야 한다. 내 생각인줄로만 알고 있는 타인으로부터, 우리 사회의 고정관념으로부터 나도 모르게 주입된 생각이 나를 통제하고 감금하게 내버려 두지 않아야 한다.

고정관념에 사로잡힌 생각들 때문에 자신이 괴롭다면 그것은 자기학대나 다름없다.

내가 얻고자 하는 욕구가 무엇인지 확실하게 밝혀낸 다음에 그 욕구를 내가 통제할 수 있다면 새로운 생각이 태어나도록 할 수 있다.

" 친구가 가자고 해서 같이 가고 싶어"

" 누가 이것을 샀는데 참 좋데" 이런 식의 삶이라면 곤란하다.

내가 하는 말이나 행동에는 자신에게 맞는 생각이 들어가 있어야 타인을 설득하기에도 쉽고 인생을 개척해 나가는데도 큰 힘이 되는 것이다. 가끔 어떤 이는 생각하며 산다는 것이 매우 골치 아프고 힘든 일이라는 것으로 잘못 알고 있다. 물론 어려운 선택의 기로에서 많은 고민을 위해 하는 생각은 순간적으로는 골치 아픈 일일 수도 있겠다. 하지만 동물처럼 생각을 하지 못하는 존재가 아닌 우리 인간에게는 스스로 생각할 수 있는 귀한 선물인 것을 잊지 않아야 한다. 아무 생각 없이 사는 것이 얼마나 무의미 한 삶일까! 는 생각하기도 싫은 일이다. 더 나아가 진정으로 내 생각을 담아낼 건강한 생각주머니를 만들

자. 타인의 생각을 걸러내어 진정한 내 생각인지를 확인하고 담아두는 생각주머니 하나쯤 내 안에 장착하는 것이 필요하다.

생각하는 것에 겁먹지 말자. 생각당하는 내가 아니라 생각하는 내가 되자. 하고 싶은 일이 있을 때도 내가 이일을 왜 해야 하는지 생각하게 되면 길이 쉽게 열린다.

## 가장 원하는 자신의 모습을 그린다

흔히 사람들은 자기가 원하지 않는 것은 말하기 쉽다. 그런데 내가 진정으로 원하는 것은 무엇인지 말하기가 어렵다. 그건 왜 일까? 내가 바라는 것을 말하지 못하였고 무엇인지도 모르고 사는 경우가 종종 있다. 사람의 의식과 생각이 바뀌어야 진정한 변화가 온다.

생각을 있는 대로 다 적어본다. 그 하나의 생각마다 욕구가 있을 것이다 생각은 욕구와 연결되기 좋다. 계속 나에게 질문을 던지면 냉철해 진다. 그러기위해서는 '내가 바라는 것'과 '바라도록 학습된 것'을 구분할 줄 알아야 한다. 스스로 자신의 내면으로 들어가서 물어보는 훈련이 필요하다.

내가 원하는 것을 찾는 것이 옳은가? 많은 사람들이 하는 대열의 일원이 원하는 것을 찾는 것이 옳은가? 에 대해서도 깊이 자각하는 작업이 필요하다.

지금 하는 행동도 내가 바라는 것인지 아니면 가족이나 주위 사람들로부터 바라도록 학습된 것인지를 구분할 줄 아는 힘은 어디에서 찾는 것일까?

늘 이해심 많고 친절한 사람이라는 말을 듣는 것이 칭찬이라고 믿는 마음, 바로 그것을 버려야 한다. 버리지 않으면 내가 진정으로 가장 원하는 자신의 모습을 찾기 어렵다.

내가 원하는 삶을 알아야 분노의 삶이 아닌 용서를 하게 되고 대인관계로 더 많은 사람을 만나게 된다.

우리는 눈을 뜨고 있으면서도 자신을 보지 못하고 있는 경우가 많다. 진정으로 내가 원하는 모습을 보지 못한다. 자신이 아닌 타인들이 바라고 원하는 모습이 바로 내가 원하는 모습이라고 착각하면서 살아왔다. 아니 착각인줄도 몰랐을 것이다.

어쩌면 우리는 자신이 원하는 것을 모르는 것이 아니라, 알면서도 외면할 수밖에 없는 상황이 있었을 것이다. 하지만 외면할 수밖에 없었던 그 상황이 진정으로 나를 위하는 상황이었는지를 점검해보자. 그 상황은 누가 만든 상황인지 찾아보는 거다. 나를 억압하는 상황이라면 과감히 그 상황에서 벗어나자. 그리고 외면하지 않을 용기를 가져야 한다.

진정한 내 모습을 갖기 위해서 여유를 갖자. 현재의 내 모습과 상관없이 나를 믿고 기다려 주자. 그 누가 뭐라고 해도 그럴 수 있는 힘을 갖자. 그 힘은 내 안에 이미 숨어 있다. 걱정 말고 그 힘을 꺼내어 쓰는 거다. 원하는 삶을 얻기 위해서는 무엇인가를 양보할 수 있어야 한다. 그러기 위해서 나 자신을 바라보는 훈련도 필요하다. 수시로 내가 원하는 모습을 꺼내어 들여다보면서 확인해 보자.

자기 안으로 빠져드는 것과 자기 모습을 들여다보는 것은 다르다. 타인이 원하는 모습에 집착하지 말고 내가 원하는 모습에 집중하자. 집착하게 되면 자유롭지 못한 삶을 살게 되지만 집중하면 성장하게 된다.

내가 원하는 내 모습은 내 인생에 주인 일 때 제대로 찾을 수 있다. 내가 기준이 되어야 진정 원하는 내 모습이 보이는 것이다. 타인의 기준이 아니다.

내가 원하는 진정한 내 모습을 찾지 못하는 것은 바로 사회가 요구하는 모습에 나를 맞추려 하기 때문이다. 항상 주인의식을 가지는 것이 중요하다.

하루아침에 삶 전체를 바꾸어 버릴 수는 없다. 우선은 일상과 관련하여 우리 사회가 원하는 모습에서 고정관념을 깨야 한다. 제로 상태에서 다시 찾을 수 있도록 내 안에 선입견, 내 안의 고정관념을 없애야 한다. 그래야 내가 진정으로 원하는 모습을 찾을 수 있다.

수평대가 이미 기운 상태에서는 정확한 무게를 잴 수 없듯이 내 안에 있는 내 발목잡고 있는 나의 고정관념이라는 마음의 무게를 내려놓아야 한다. 내가 안고 있는 상처부터 내려놓자. 그리고 내가 진정 원하는 것이 무엇인가! 지금 하고 있는 일이 도움이 되는가! 를 끊임없이 생각해 보자. 진정으로 원하는 것이 무엇인지 알기 위해서는 좋은 감정을 가져야 한다. 우울한 감정으로는 내가 진정 원하는 자신의 모습을 찾을 수가 없다.

성격이나 행동양식이 어디에서 비롯되는지 성장과정이나 성격에서 자신만의 스펙트럼으로 이해할 수 없는 대상일 수 있다. 인간은 수동적인 존재가 아니다.
우리의 어린 시절을 생각해보면 그 때도 뭔가 생각하고 갈등하고 나름 판단했었다. 독립된 인격을 가지고 있고 존중받기를 원한다. 누구든지 존중받지 않으면 그 상황이 싫어진다. 드러난 행동만 가지고 나쁘다고 나무라는 것에서 그치지 말고 차근차근 그 근본이유를 찾아내어 객관적으로 볼 수 눈을 가져야 된다.

다른 사람과 비교하면 불행해진다. 내가 원하는 욕구나 내가 원하는 모습을 그리며 살아야 한다. 다른 사람과 비교하게 되면 만족이라는 것을 모르고 끊임없이 열등감이 싹튼다.

자신의 진정한 욕구를 아는 것이 준비되어야 한다. 준비가 되어 있는 사람에게는 자신이 얻고자 하는 것에 저절로 끌려간다. 준비를 하기 위해서는 내 삶에서 가장 원하는 모습을 그려 놓아야 한다. 잠재의식 속에 내가 원하는 모습에 대한 선명한 그림이 떠오를 때까지 끈기를 가지고 그려나가야 한다. 그렇지 않다면 미국의 어느 시인의 말처럼 자신이 낚으려는 고기가 무엇인지도 모르면서 평생 낚시를 하는 것과 같다.

니체의 명언 중에 "심연은 여기서 내가 나를 바라보는 매개체입니다"가 있다.

내가 만약 작가가 되고 싶다면 마음속으로는 이미 작가가 되어 있어야 한다. 이것은 피나는 노력만큼이나 꼭 필요한 일이다. 스스로 훌륭한 작가로 대접해 주어야 한다. 그래야 정말로 작가가 될 때까지 꼭 필요한 여러 가지 선택을 통해서 작가의 길로 가게 될 것이다.

원하는 모습을 그리고 이미 그 모습이 된 것처럼 대접해주고 그리고 치열하게 열심히 해 낼 때 스스로도 놀라게 될 것이다.

가장 원하는 자신의 미래의 모습을 품은 인생은 아주 서서히 그 미래의 모습을 향해 움직이게 되어 있다. 자신이 원하는 모습을 갖지 않고 사는 사람은 그만큼 손해를 보며 살고 있는 것이나 다름없다. 자신이 원하는 모습을 찾기 위해서는 먼저 나 자신이 어떤 사람인지를 알아야 하는 것이다. 그래야 다른 사람들이 원하는 내 모습이 아니라 내가 원하는 진짜 미래의 모습을 찾을 수 있는 것이다.

명확한 소망이 없다는 것은 복권은 사지도 않으면서 당첨되기만을 바라는 것과 같은 것이다.

치열하게 자기 자신이 원하는 것을 알아내는 과정을 거쳐야 한다. 자격증 취득을 위한 공부도 중요하지만 시험에 나올 문제를 바로 찾아내 준비하듯이 생의 과정에서 가장 기초가 되는 자신을 알기 위한 공부를 해야 한다. 아주 사소한 것부터 시작하자. 내가 어떤 음식을 좋아하는지, 나는 어떤 노래를 좋아하는지, 요즘 나는 어떤 친구들과 어울리고 있는 지, 누군가에게 기분 나쁜 말을 들었을 때 나는 어떻게 반응하는지, 어떤 일을 할 때 제일 기쁘고 좋은지, 등 소소한 일상생활에서부터 관찰하고 찾아보는 노력이 있어야 한다.

어느 날 문득 기회가 왔을 때 또는 누군가가 물었을 때 일목요연하게 나 자신이 원하는 삶의 모습을 명확하고 확실하게 말로 할 수가 있어야 한다. 그렇게 되면 운명까지도 내 편으로 만들 수 있게 된다.

안개 속처럼 막연한 미래의 원하는 모습으로는 기회가 온다 해도 얻을 수가 없다. 나의 마음속에 그려놓은 명확한 미래의 모습은 꼭 이루어지게 되어 있다.

원하는 미래의 모습을 그리다 보면 현실적으로 이룰 수 있는 방법들도 생각나고 다시 실천할 의지도 다지게 된다. 머지않아 긍정적인 자기표현들이 나 자신이 운이 좋고 행복한 사람임을 인식하게 한다. 앞으로의 삶을 근사하게 살아가기 위해서 원하는 모습을 갖는 노력은 선택이 아닌 필수다.

## 자신을 표현한다

 흔히들 여자들은 남자들보다 수다가 더 많다고 한다. 그리고 수다스러움의 가치는 평가 절하되는 경우가 많다.
 '수다'는 어학사전에서 '쓸데없이 말수가 많음'으로 표기하고 있다. 하지만 솔직히 남자들도 수다스러운 사람이 많다. 하지만 여성들의 정신건강을 위해서 수다스러움은 그 어떤 처방보다 훌륭한 방법이다. 그러면서도 수다하면 우선 여성을 떠올린다. 어쩌면 여성들의 대화를 '수다스러움'이라고 비하하는 것은 아닌지 조금은 불쾌하기도 하다.

고등학교 시절에 여학생들은 굴러가는 나뭇잎만 보고도 웃었고 많은 이야기 꺼리가 있었다.

'건강한 사람일수록 수다가 많다.'

정말 힘들어서 죽고 싶은 사람은 남들에게 이야기하지 않고 그냥 조용히 한강으로 가고 만다고 하지 않던가? 죽을 만큼 힘들다고 말할 수 있고, 또 말할 상대가 있다면 그 사람은 절대로 죽지 않는다. 이렇듯 수다는 정말 필요한 삶의 요소다. 그래야 요즘 유행병 같은 우울증이 없다.

이제 우리 딸들은 단순히 병에 걸리지 않기 위해서 수다를 떨어야 되는 것은 아니다. 예전의 엄마들이 늘 자신의 이야기를 털어놓는 것을 어려워했다면 이제 우리 딸들은 자기 자신의 이야기를 표현할 줄 알아야 한다.

이제 그 수다를 긍정적으로 생각하고 내 이야기, 내 경험을 이야기 할 수 있을 때 많은 의미를 깨닫고 진지하게 껴안을 수 있다.

　내가 나의 이야기를 표현하고 싶어 할 때만이 다른 여성들의 이야기도 마음으로 들을 수 있게 된다. '수다를 떤다는' 것에 더 이상 쑥스러워하지 않아야 한다. 나의 이야기를 하는 것에 자유로워져야 한다. 나의 삶을 솔직하게 털어놓을 수 있는 힘이 생길 때 딸들은 자유로워질 수 있다.

　우리 사회는 여성들의 경험을 들어주고, 공감해주고, 지지해주는 곳은 그리 많지 않은 현실이다. 대게는 어떠한 이야기를 던지면 들어주는 사람은 말하는 사람의 입장에서 듣는 것이 아니라 듣고 있는 사람의 입장에서 듣고 평가해주고 충고해주고 조언을 해주게 된다. 이렇게 되면 충고나 조언이 때로는 말한 이에게 또 다른 상처가 되거나 오히려 더 말한 사람을 힘들게 하는 경우가 있다. 이렇게 되면 괜히 내 이야기를 다른 사람한테 말 한 것에 대해서 후회를 하는 경우가 있다. 그럴 때 자신을 표현 하는 것은 더욱 어려워지게 되는 것이다.
　여성에게 가장 절실히 요구되는 과제 중 자기가 경험한 갈등을 표현하는 일이다.

똑똑한 머리를 변명을 하는데 쓰지 말고 자기를 표현하는데 써야 한다. 자신을 표현 하는 데는 솔직함이 함께 해야 인정받을 수 있다. 그럴듯한 변명을 하게 될 때 남들에게는 물론이고 자신도 깜빡 속을 수 있다. 하지만 이렇게 자신을 합리화 시키고 설득하기 위한 변명을 늘어놓게 되면 변화와 발전과는 점점 더 멀어지게 될 뿐이다.

## 자기책임을 인정한다

생애 주기 중에 무거운 책임감을 짊어지지 않은 세대는 없었다. 그 생애주기별로 그에 걸 맞는 책임감을 가지고 살아간다. 물론 책임감에서 벗어나거나 책임을 지는 방법은 오직 자신의 손에 달려 있다는 사실을 깊이 깨닫게 될 때 책임감은 훨씬 가벼워진다.

의존적인 어른이 되어 버렸다면 이미 늦었다. 하지만 딸들은 마음의 문을 열어 놓고 훈훈하고 정다운 수다가 통하는 젊음을 가지고 있다. 밝게 웃는 얼굴로 부드럽고 정겨운 모습이 자기책임을 인정하는 삶의 결정권자다.

학생들에게 열심히 외친다.
폭력은 학습되는 것이다. 보고 배우는 것이다. 하지만 누구나 폭력을 하지는 않는다. 폭력을 할 것인지, 대화로 할 것인지는 본인의 선택이다. 본인이 한 선택의 책임은 자기 자신이 지는 것이다. 라고 말한다. 그러면 한 반에 서너 명은 꼭 이렇게 말한다. '우리 엄마, 아빠가 책임져 준데요' '맞고 오면 오히려 혼나요' 라고 한다.

정말 황당하기 그지없다. 엄마아빠가 그렇게 말씀하시는 이유는 "우리 친구가 절대로 어떠한 상황에서도 폭력을 선택하지 않을 멋진 친구라는 것을 알기 때문이다." 라고 대답해주지만 속으로는 씁쓸함이 올라온다.

이렇듯 우리 청소년들은 자기 책임을 인정하는 것을 배우지 못하는 경우가 있다.

누구나 선택의 자유가 있다. 선택한 것에 대한 책임은 오직 자신에게 있어 행동한 것들에 대해 스스로 책임져야 한다.

자신감에 차 있는 성공한 사람들 대부분이 책임감 있는 특징은 동기가 있다. 어떤 힘든 일을 하더라도 자신의 능력을 과시할 수 있는 자신감과 흥미를 유발할 수 있는 능력을 가지고 있다. 목표를 끝냄으로서 얻을 수 있는 보상이나 지위가 아니라 그 자체를 성취해 나가는 과정을 즐기고 만족해한다.

일에 있어 높은 자신감은 물론 도전정신이 뛰어나고 자력으로 성취해 책임 질 수 있는 습관 7가지를 보면 첫째, 자신의 삶을 주도할 인생의 코스를 스스로 선택하라. 자신이 할 수 없는 일에 집착하거나 외부의 힘에 반응하지 않고 자신의 선택과 결과에 책임을 진다.

둘째, 끝을 생각하며 시작하고 자신이 어디로 향하고 있는지 최종목표를 정해 실천 한다. 셋째, 소중한 것을 먼저하고 긴급함이 아니라 중요한 업무를 우선하고 정한 목표를 수행한다. 넷째, 자신을 드러낼 수 있는 관계형성에 따른 윈 – 윈을 생각하고 쌍방에 도움이 되는 해결책을 추구한다.

다섯째, 먼저 이해하고 다음에 이해시켜 상호 존중하는 분위기를 조성하고 문제 해결을 위해 상대의 말을 경청하고 열린 자세로 다가간다.

여섯째, 팀원들을 활용하고 최대성과를 이끌어내기 위해 유의미한 공헌과 최종목표를 장려한다.

일곱째, 긴장을 늦추지 않는 생활로 깊은 생각과 운동을 일상의 일부로 습관화 한다. 라고 한다. 이러한 일을 수행하기 위해서는 무엇보다 낮은 곳에서 화합하며 자기책임을 인정할 줄 아는 사람인 것이다. '이것은 내 책임이다.' 라고 인정하는 순간, 문제해결능력도 함께 따라온다. 더불어 결과에 대해서도 받아들이는 마음크기까지 커진다.

당신은 지금 매우 중요한 어떤 계획에 참여하고 있다고 생각하라. 그 책임의식은 당신을 변화시킨다. 지금 당신이 참여하고 있는 매우 중요한 어떤 계획은 바로 자기 자신의 인생을 사는 일이다.

책임을 다하는 사람은 집착하기 않는다. 절대 남 탓하지 않는 것이 성공비결 중에 하나라고 한다. 이렇게 자기 책임을 인정하는 사람은 바로 자기 가치를 아는 사람이다. 자기 효율성을 높이는 사람이다. 자기 책임을 인정하는 일에 익숙해지자.

윌리엄 글라써는 "인생의 많은 부분이 자기 선택"이라고 한다. 어쩌면 불행까지도 스스로의 선택이라고 말한다. 그때 마다 아프지만 자기책임을 인정하게 되면 새로운 길이 열리게 된다.

운명적이게도 태어날 때는 나의 선택이 아니었다. 그렇지만 커가면서 '내 인생은 나의 것'이라고 외친다.
여기서 놓치지 말아야 할 중요한 부분이 있다.

희생자 입장을 가지고 지나친 책임의식을 가지는 것은 매우 위험하다. 그것은 자신 보다 남을 더 이해하게 된다. 나 자신을 먼저 이해하고 나를 먼저 돌보는 것에 대해 죄책감을 가지는 것이다. 만약 내가 나를 먼저 돌보는 일에 죄책감이 느껴진다면 지금 그대는 내 인생의 주체가 아니라는 뜻이다. 이럴 때의 자기 책임은 위험하다.

사소한 예로 자장면을 먹을까 짬뽕을 먹을까 고민하다가 결국 자장면을 시켜놓고서는 옆 테이블에 짬뽕을 쳐다보며 나의 선택에 아쉬워하는 그런 일이 흔하다.

　이제 내 인생을 운명으로 치부해버릴 것인가. 책임질 수 있는 권한을 찾아오는 나의 선택으로 가져갈 것인가! 결정은 그대 몫이다.

　미래의 나의 모습을 마음속에 그려보라. 시간이 흐르면서 구체화 되어갈 것이다.

　포기하는 것은 내 소중한 삶에 대한 예의가 아니다. 부산을 가고 싶을 때 부산을 가는 방법은 여러 가지가 있는 것처럼 여러 가지 선택의 폭은 많다. 어떤 상황이 되더라도 포기하고 싶지 않는 미래의 나의 삶의 모습이 있다면 당당히 책임지는 일에 두려워 말라!

　행운도 준비된 사람들에게 오듯이 자기 책임을 인정하는 사람들에게는 또 다른 현명한 선택을 할 수 있게 된다.

　자신에게 현명한 선택을 할 수 있는 행운을 갖고 싶다면 그 선택을 감당할 수 있는 자기 책임을 인정할 수 있는 사람인지 부터 먼저 점검하라. 자기 책임을 인정하는 여성들은 충분히 멋진 삶을 살아가게 되어 있다.

## 혼자 여행을 떠날 줄 안다

　흔히 답답하고 인생에 막힘이 있을 때 어디론가 떠나고 싶다고 말한다. 여행은 많은 사람들이 좋아한다. 며칠이라도 낯선 곳에서 모든 것을 내려놓는 시간을 보내고 오면 새로운 시각도 생긴다. 모든 것을 내려놓고, 여행을 떠날 수 있다는 것은 모든 것을 해낼 수 있다는 증명이기도 하다.
　"여행은 인간의 독선적 아집을 깬다."는 말이 있다. 여행의 장점을 말하는 속설이지만, 계획적인 여행이나 '구별 짓기'나 '따라 하기'를 하는 여행에서 나타나는 현상이다. 특히 한국인의 독특한 주마간산(走馬看山)격 여행은 혹 낯선 것에 대한 피상적인 편견을 주입시키는 데에 일조하고 있는 듯하다. 하지만 그런 기우는 사회의 일부의 편견일 뿐이다.

"내가 로마 땅을 밟은 그날이야말로 나의 제2의 탄생일이자 내 삶이 진정으로 다시 시작된 날이라고 생각한다."는 독일의 문호 괴테가 한 말처럼 여행의 필요성을 증언해 주는 지역의 특성을 말 하고 있지 않을까 생각해 본다.

여행을 예찬하는 사람들은 많지만 여행을 소신껏 자신의 색을 표현하는 여행은 흔치 않은 것 같다. 여행에 대해 쓴 소리를 하는 사람은 거의 없다. 집을 나서는 순간 떠난다는 기대에 회포를 풀기 시작해 차창 밖으로 풍경의 퍼레이드에 취해 되돌아오는 것이 많은 사람들의 여행이 아닐까 생각한다.

잠시 구경하고 지나가는 여행자들이 지나가는 자리는 같을 것 같지만 백인 백미를 만들어 낼 수 있는 청량제를 맛보게 한다. 보통사람들에게 있어서 여행을 많이 하느냐 적게 하느냐 아예 하지 않느냐는 돈, 시간, 호기심, 부지런함 따위 조건이 있어야 가능하다 하지 아닐까! 지금 바빠서 운동을 할 시간이 없다면 바로 그 때가 운동을 해야 하는 때라고 말한다. 마찬가지로 여행을 꿈꾸지만 지금 시간이 없어서, 여건이 안 되서 떠나지 못한다면 바로 지금이 여행을 떠날 때 인 것이다.

좋은 친구들과, 사랑하는 가족들과 함께 떠나는 여행도 좋겠지만 그 보다는 혼자 여행을 떠날 수 있다면 그건 바로 인생을 성공적으로 살아갈 수 있는 자격이 있다고 본다. 무언가 막힘이 있거나 지치고 힘들어 재충전이 필요하다고 생각될 때 가족이나 친구들과 함께 떠난다면 그것은 장소만 다를 뿐이지 진정한 여행이 아닐 수 있기 때문이다.

결혼하기 전까지 단 한 번도 혼자서 여행을 떠나 본적이 없는 여성이 많을 것이다. 내가 알고 있는 지인은 "고등학교를 졸업하고 사회생활을 하면서 친구들과 서너 명이 모여서 1박2일로 딱 한번 여행을 해봤다고 한다. 그 후로 결혼해서도 역시나 여행을 많이 다녀 보지 못했다"고 한다. 여행을 할 기회가 있었어도 그 때 마다 꼭 시간이 맞지 않는다거나 다른 일이 생겨서 갈수가 없었다고 한탄을 했다.

"젊어서 열심히 일하고 나이 들어서는 젊어서 못해본 여행을 즐기면서 살아야지 라고 생각했는데 전혀 그렇지 못했다"고 한다. 사실 여행도 그렇고 취미도 그렇고 운동도 그렇고 뭐든지 어린 시절부터 습관이 되어야 되는 것 같다. 만약 습관이 안 들었는데 나이 들어 하려고 할 때는 엄청난 노력이 있어야 한다. 그래도 쉽지 않다.

주변에 사람들을 보아도 늘 어려서부터 습관이 들어야 되는 것 같았다. 오죽하면 작심삼일 이라는 속담이 있을까...

반면에 해마다 방학 때면 혼자서 여행을 다니는 대학교 4학년 여학생을 알고 있다. 그 여학생은 "늘 여행을 떠날 준비를 한다."고 한다. 고등학교 때 해외에 보름간 자원봉사를 하게 된 것을 계기로 방학 때 국내에는 기차여행을, 해외에도 한 차례 씩 꼭 계획하여 다녀오곤 하는데 "여행을 하고 오면 살아있다"는 것을 느낀다고 한다. 또 "눈물겹도록 감사한 일로 가득해진다."고 한다. 이제 22살 어떤 대학생은 "여행을 통해서 진정한 자기 자신을 만나고 있고 또 국내는 물론 해외로 나가면서 집안이나 학교 안에서만이 아닌 지구 전체를 놓고 그 중심으로 자신이 한 발 짝이 옮겨가는 느낌을 받는다,"고 했다. 더 넓은 세상에 중심으로 자기 자신을 세우고 있었다.

앞서 말한 대학 4학년 그 여학생이 "돈은 여행하며 쓰는 게 제일 아깝지 않다, 여행은 때로는 따뜻한 엄마 품 같다"고 하면서 그녀가 온라인사이트에 올린 글을 그대로 옮겨 본다.

" 작년 여름 두 번의 '내일로' 여행, 며칠 전 다녀온 8박9일간 베이징 여행, 그리고 어제 부터 시작된 여행, 언젠가 부터 나를 가장 행복하게 만드는 것 들 중 하나가 여행이 되어 버렸다. 여행하는 시간들을 통해서 무언가를 정리하기도 하고 새롭게 시작하기도 한다. 늘 보던 사람도 여행에 와서는 새롭게 느낄 수 있고, 또 여행을 통해 알게 된 사람은 더더욱 소중히 기억에 남는다. " -중략-


여신은 혼자 여행을 떠날 줄 안다. 이 말은 바로 나 자신에게 주는 시간 선물이다 늘 바쁘게 쫓겨 다니고 바쁘게 생활하지만 나에게 시간을 허락한다는 것은 대단한 일이다.

때론 잠시, 눈을 감고 귀도 막고 입도 닫고 잠시 멈춰서 본다. 그리고 내가 살아있음을 다시확인해 보는 시간을 가진다. 이렇게 나만의 세상으로 빠져드는 시간이 많을수록 내 인생은 풍요로워 진다.

여행이 바로 이런 것이다. 많은 깃을 경험하고 많은 것을 도전해보며 여러 가지 동기부여를 받는 시간이 될 것이다.

다른 문화권의 생각이나 삶의 방식을 경험해 보는 것은 삶에 대해서 더욱 진지하게 고민해보고 살아갈 수 있는 에너지가 될 것이다. 자기만의 방에 갇혀서 고민하기 보다는 여행을 떠나 시야를 넓힐 수 있는 여행은 많은 것을 되돌려줄 것이다.

혼자 여행을 떠나면 낯선 것에 대한 두려움과 익숙해지게 된다. 자신감이 생긴다.

마음까지 풍요로운 인생을 살고자 한다면 경험이라는 많은 이야기 거리가 있어야 한다. 더불어 추억할 수 있는 일이 많아지는 것이다. 살아가면서 큰 에너지 충전의 기회가 되는 것도 맞다. 여행을 통해 얻어진 다양한 경험들이 나의 삶에 큰 자산이 된다는 것은 실제로 여행을 다녀본 사람들은 공통의 언어다. 과거에 상처를 안고 살거나 미래에 대한 두려움으로 힘들어하는 사람이 있다면 혼자 여행을 떠나라고 권하고 싶다. 그렇게 하려면 현재를 바로 볼 줄 아는 사람이 여행을 떠날 수 있다. 미래에 불안이나 두려움이 있다면 오늘 여행을 떠날 수 없다.

어린 시절을 생각해보면 호기심이 정말 많았었다. 하지만 지금은 어떤가? 이것저것 호기심은 여전히 많겠지만 어린 시절에 가졌던 그 호기심과는 많이 다를 것이다. 어린 시절의 호기심을 다시 돌아가라. 그래서 그 호기심에 대해서 질문들이 많아지면 다시 젊어질 것이다.

음식도 먹어본 사람이 먹을 줄 안다고 젊은 시절부터 이러한 귀한 시간을 가지고, 가져본 사람처럼 훈련이 필요하다. 지금 바쁘니까 나중에 하지 뭐 라고 뒤로 미룬다면 지치고 힘든 나 자신에게 시간선물이란 기대하기 어렵다.

여행이 우리생활의 일부 인것처럼 생활화되어 가고 있다. 과거에는 지역과 문화와 특징을 알지 못하고 떠나는 여행이었다면 현대에는 모든 정보를 가지고 자신이 가지고 있는 목적과 이유에 접목시키는 여행을 한다. 예전처럼 상상의 날개를 펼 재미와 기대의 여행이 보편화 되어있지 않다.

독일어로 "여행하다"는 단어는 "경험하고" 라는 뜻을 가지고 있다. 얼마나 좋은 단어인가! 우리는 살아가면서 수많은 경험을 통해 성공과 실패, 행복과 불행의 복합적 요소를 가지고 있다. 자신들이 사는 세계를 넘어 타인의 삶을 들여다 볼 수 있는 것이 여행이다.

그리스인들은 경기에 참여하고자 올림피아 여행길에 오르기도 하였고, 신탁을 듣기 위해 델피로 순례여행을 떠나기도 하였다. 또 일상이 지루해 질 때쯤이면 그림이나 음악 여행을 통해 작가의 내면과 소통함을 알 수 있다.

여행의 중요성은 18,19세기 마차여행의 고행으로부터 깨달음을 얻는 고문이었다. 그런데도 사람들은 '교양 여행'

이라는 이름으로 여행을 했다. 여행지의 역사와 철학, 문화를 이해하고 정체되어 있지 않은 삶을 추구하기 위한 본능적인 추구가 아니었을까 생각해 본다. 여행 중 새로운 사람을 만나고 그 사회와 문화를 체화하며 교양을 쌓았다. 여행은 고대의 여행부터, 마차 여행, 배를 타는 바다여행, 현대의 우주여행까지 그 시대 모습에서 과학의 발달에 의한 우주여행까지 기대된다.

과거에는 여행이 귀족층에 할 수 있었던 것이었지만, 고대 로마인들은 관광여행을 즐기기도 했다는 기록이 있다.

이처럼 시대를 초월한 여행을 할 수 있는 요즘, 딸들은 귀한 시간을 스마트 폰에 다 뺏겨버리는 사실이 안타깝다.

목적 없이 가는 것은 방황이지만 목적을 가지고 떠나면 여행이 된다. 내가 늘 있는 장소가 집이고, 학교, 직장이라면 과감히 떠나봐야 한다.

일도 그렇고, 살아가는 인생도 그렇고, 재충전하는 것은 하나를 투자해 두 개를 얻고자 하는 노력만큼 중요하다.

여행지에서의 다양한 경험은 다양한 채널의 주파수를

갖는 것과 같다. 더불어 내 마음까지 읽어낼 수 있는 귀한 통로가 바로 혼자만의 여행일수 있다.

"내가 나를 모르는데 넌들 나를 알겠느냐?" 라는 대중가요 가사가 있다. 내가 나를 알 수 있다는 것은 세상 그 무엇과도 바꿀 수 없는 귀한 재산이다. 내가 나의 마음을 읽어 내려 갈 수 만 있다면 세상에 두려울 것 없고 자신감이 넘치며 인생의 매 순간을 열정적으로 살아낼 수 있다. 그럴 수 있게 하는 힘이 바로 혼자만의 여행이다. 내 마음의 책갈피에 꽂아두고 언제든지 꺼내 사용할 수 있는 것과 같음이다.

수학문제 풀듯이 인생에 공식과 정답이 있는 것이 아니다. 무언가를 끊임없이 머릿속에 집어넣고 외우면 훗날 어른으로서의 한 몫을 해 내야 할 때 그대로 써먹을 수 있는 것이 아니다. 특히 포탈에 물어보면 무엇이든지 나오는 세상이다. 지금 중요한 것은 있는 정답을 찾아내려고만 할 것이 아니라 내 삶에 맞는 새로운 답을 만들어 내면 되는 것이다. 그렇게 하려면 창조적인 여행을 떠날 줄 알아야 하는 것이다.

자, 지금이라도 멈춰 버린 시계에 건전지를 갈아 끼우듯이 나의 삶에서도 여행을 하면서 에너지를 재충전해야 한다.

목적 없이 떠나는 방황이 아니라 목적지를 분명히 알고 떠나는 방랑 같은 여행이면 더 좋겠다. 인생의 반전을 위해서 혼자 여행을 떠날 줄 아는 그대는 이미 세상의 중심에 올라선 것이다. 혼자 여행을 떠나 낯선 곳에 가면, 진정한 자기 자신을 만나고 돌아올 수 있기 때문에 귀한 시간이다

## Chapter 5

## 인생의 주인으로 살아가기 Ⅲ

## 삶의 파도타기를 즐길 줄 안다

삶은 파도를 타는 것과 같다. 문제가 생기면 한꺼번에 밀어 닥치는 경향도 있어 밀려올 파도를 염두에 두고 준비해야 한다. 파도가 밀려오면 이것 또한 지나가리라 생각하고 준비된 자세로 일상에 임해 파도타기를 즐겨야 한다. 온몸으로 파도를 껴안는 거다. 물론 파도를 온전히 껴안는다는 것은 버거울 수 있는 일이다. 하지만 내가 어떤 태도를 가지고 삶의 파도를 탈 것인가에 따라서 감당할 수 있는 파도가 될 수도 있다.

바다에서 파도를 잘 이겨내기 위해서 배는 물위에 떠있어야 한다.

물과 함께 있지만 물과 서로 경계가 있다. 파도가 두려워서 바다에 나가지 않는 배는 무늬만 배 인 것이다. 이렇듯 내가 어떤 기준으로 삶의 파도타기를 즐길 것인가가 먼저이다.

배의 삶은 바다와 함께 하는 것이다. 그것이 진정한 배의 삶인 것이다.

딸들도 인생의 주인이 되기 위해서는 인생의 희로애락과 함께 있는 것임을 인정해야 하는 것이다.

배가 물위에 떠있지만 물과 분리되어 있듯이, 내가 삶속에서 살고 있지만 삶의 희로애락에서 분리를 할 줄 알아야 한다. 기쁨, 슬픔, 노여움으로 내가 가득 차 있다면 배 안으로 물이 가득 차오르는 것과 같아 침몰하는 것과 같은 것이다.

감정들과 분리하는 힘이 바로 어떤 삶의 파도타기에서도 즐길 수 있는 것이다.

내 인생의 목표가 확실한 사람은 자신을 속박하지 않고 도도하게 삶의 파도타기를 해 낸다.

우리는 꼼짝도 못하고 평생 한자리에 서 있는 나무가 아니라 동분서주하는 인간이다. 꼼짝달싹도 할 수 없는 역경이란 없다. 예측불허의 삶에 대처할 수 있는 능력이 인간에게 있다.

자, 이제 망설이지 말고 모험을 하라, 위험하다고 힘들다고 해서 도망가지 말라.
모험적인 삶을 살고 싶은 사람, 철학이나 신앙의 세계에서 비밀을 탐구하는 사람 등 인생 전체에 걸쳐 발생되는 좋은 삶이란 활동하는 삶이다.

자신 앞에서 벌어지는 삶의 파도타기를 즐기기 위해서는 내가 가진 아집이나 고정관념을 버리고, 내 삶을 바라보는 따뜻한 시선과 담대한 마음이 바로 내 삶을 잘 이끌어 갈 수 있는 큰 힘이고 중요한 도구 이다. 이 도구를 잘 활용하기만 한다면 비로소 사랑할 수 있다.

'파도치는 모험적 삶, 기꺼이 끌어 앉고 멋진 서퍼처럼 다시 시작하자.'

## 내 안의 열등감에 절대 동의해주지 않는다

 

자기 자신의 열등감에 절대로 동의 해주지 말자, 언제까지나 자기 안의 열등감을 두려워해서는 절대로 행복을 얻을 수가 없다. 때론 그 열등감이 삶의 에너지로 승화시키는 경우도 더러는 있다. 열등감을 아예 없애는 것이 아니라 내 안에서 열등감이 올라올 때 동의해주지 않고 그 열등감을 잘 위로해주고 다룰 줄 아는 사람이 바로 삶의 에너지로 승화시킨 사람이다. 두려움과 열등감은 사촌쯤으로 생각하면 된다. 두려움의 대상은 다 다르지만 우리 모두는 자기 자신만의 두려움을 가지고 있다. 그런데 사실 두려움은 근거가 없다고 한다. 스스로 두려움이 올라온다면 이 두려움이 어디서 오는지 근거를 추적해 들어가 보자. 그것에 매달릴 이유가 없어질 것이다.

어려서 심리적, 정신적으로 버림을 받거나 돌봄을 받지 못했다고 느꼈을 때 열등감이 생긴다. 자신이 사랑받을 만한 가치가 없다고 스스로 생각하고 있다면 말로 사랑한다는 말을 아무리 많이 들어도 사랑을 느끼지 못하고 오히려 열등감을 키우게 된다.


인생을 살아가면서 3번의 기회가 온다고 하는데 청년기는 아마도 제일 중요한 첫 번째 기회일 것이다. 이런 중요한 시기에 앞으로 나아가지 못하게 만들고 두려움을 만들어내는 열등감을 그대로 안고 산다는 것은 정말 안타까운 일이다. 어떤 사람은 열등감이 있다는 것 조차도 알아차리지 못해 위험을 초래하고 있다.

내가 가진 열등감은 나의 인생관과 삶의 가치를 결정하는 데 큰 영향을 미친다.

세계 최고의 부자 '워런버핏'의 이야기를 잘 알고 있을 것이다. 부자의 타이틀 때문만이 아니다. 순수 투자를 통해서 자기 힘으로 엄청난 부를 이루었기 때문이다. 그의 투자법에는 '정직하고 능력 있는 기업의 주식을 발굴한다.'는 자신만의 원칙과 소신이 있었고, 평생 자신의 원칙에 따라 자신 있게 투자를 실행해왔다. 오늘날 전 세계 수많은 투자가들은 물론 경제 리더를 꿈꾸는 딸들은 이런 '워런버핏'의 가치관과 전략 이야기를 통해 자신감을 가지고 파도타기를 들어가야 한다.

내가 가진 열등감을 내가 똑바로 알고 있다면 막막한 바다를 항해하는데 중요한 나침반을 갖고 있는 것처럼 중요하다. 자신의 열등감을 정확하게 파악하고 있다면 내 삶을 내가 감당해 나가는데 단초가 된다. 살아가는 곳곳에서 만나는 사람마다 관계에서 상처받거나 두려워하지 않고 방황하지 않게 된다. 그 어떤 상황에 처해도 어느 누구는 만나도, 어떤 말을 들어도 흔들리지 않고 행동을 소신 있게 해 낼 수 있다.

열등감도 점점 더 세포분열 하듯이 커진다면 그냥 놔둘 수 없지 않은가?

    누구보다도 열등감 많았던 미국의 오바마 대통령 이야기를 잘 알 것이다. 국제적 시선을 벗어날 수 없었던 인종차별에서 혼혈이라는 정체는 치명적 열등감이었다. 그뿐이 아니라 3명의 어머니, 문화와 삶의 방식이 다른 이복동생들과의 불협화음으로 정체성 없는 불량청소년 시절을 보냈지만 결국 열등감에서 벗어나 꿈을 이루었다. 그 꿈은 미국의 강대국의 대통령이 아니라 인류사에서 가장 따뜻하고 사랑이 넘치는 국가를 만드는데 헌신하는 꿈이었다. 세계를 변화시키기 위해 열등감이라는 알을 스스로 깨고 나온 것이다. '열등감을 희망으로 바꾼 오바마 이야기'를 통해 알 수 있듯이 미국인들은 대통령을 부러워하는 것이 아니라 오바마라는 참다운 인간을 대통령으로 세우고 싶었던 것이다.

    지금 즉시 열등감을 스스로 다스려 보자, 열등감으로 인한 두려움이 올라올 때 바로 그때가 열등감의 활동을 동의 해 주지 않아야 할 때이다. 열등감이 있는 자신을 원망하는 것이 아니라. 자신이 열등감에 빠져 있다는 것을 안다면 스스로 준비한 무기로 내 마음속에서 꺼내어 펼쳐놓고 다시 들여다봐야 한다.

누구나 젊은 시절 출구가 없는 것 같은 깜깜한 터널 속에서, 막막하고 두려운 날들을 경험했을 것이다. 그럴 때는 군중 속에 고독감도 느끼게 된다. 웃고 있지만 속으로는 울고 있는 자신을 발견하게 된다. 누구의 조언이나 충고도 들어오지 않는다. 어쩌면 조언을 해주는 주변사람들에게 오히려 상처를 받거나 그들을 원망하기도 한다.

조언 따위의 말을 몰라서 위기가 힘든 것이 아니라는 것을 누구보다도 스스로 잘 알고 있다. 이미 머리로는 알고 있는 조언이나 충고로 해결이 되지 않고 상처가 더 된다면 그때는 바로 자신의 열등감이 원인인 것이다.

매사에 자신감을 잃어버리고 자기 인생을 자기 힘으로 살아볼 생각조차 못하게 된다.

나의 열등감을 스스로 깨닫고 인정하고 나서 다시 생각해 볼 수 만 있다면 타인을 원망하거나 의지하기 보다는 자신감이 생긴다.

타인에게서 인정받는 것도 중요하지만 스스로를 인정하

는 것이 더욱 중요하다. 나를 인정하지 않으면서 타인의 인정만을 바라는 것도 열등감의 발로다. 또한 타인이 아무리 나를 인정해줘도 스스로가 인정을 하지 않는 것도 불행이다. 열등감은 자신을 제대로 비춰주지 않는다. 때로는 과장되게 또 때로는 지나치게 작게 비추어준다. 실제의 내 모습과 다르게 왜곡되게 비춰준다. 그래서 스스로 두려움을 갖게 되고 자신감을 잃게 되고 왜곡된 생각으로 자괴감을 가지게 한다.

사람들은 문제 있는 가정에 매우 예민하다. 상대적으로 독립적으로 성장하지 못한 여성들은 더욱 많은 열등감을 가지고 있다. 가난한 부모, 문제 있는 형제가 있다면 열등감에서 자유롭지 못하다. 이러한 열등감을 가지고 있는 여성들은 자신의 가치에 못 미치는 선택을 하게 된다.

마음에 들지 않는 직장을 다니면서도 더 나은 직장을 찾을 생각조차도 하지 못한다. 주변에서 말리는 결혼도 마다하지 않고 하게 되는 경우도 있다. 그리고 자신의 가치를 비하하게 된다.

문제없는 가정은 드물다. 그런데도 열등감에 사로잡혀서

자신과 가족을 분리시키지 못하고 그 문제 상황에 같이 빠지게 된다. 문제 안에 빠져 있는 사람은 그 문제 속에서 나와야 답이 보인다.

내 인생의 반전은 바로 내가 만드는 것이기 때문이다.

내 안에 열등감을 계속 키우다보면 머잖아 자신도 모르는 사이에 자신의 내면에 잠재하고 있는 내 인생에 주인으로 살아가기 위한 가능성이 사라질지도 모른다.

## 경제적으로 독립한다

버지니아 울프는 "모든 여성들은 자기만의 방을 가져야 한다."고 말했다. 그리고 "방 이전에 여성 자신의 은행 잔고를 두둑이 갖고 경제적으로 독립할 수 있어야 한다. 그러면 자신이 좋아하는 방을 몇 개라도 가질 수 있을 것이다." 라는 '수전 브랭엄'이 여성의 경제력을 강조한 말이다. 틀린 말은 아니다. 우리들에게 여성의 경제력은 매우 중요하기 때문이다.

"늙은 여자와 성숙한 여인의 차이는 돈에 관한 인식의 차이에 있다. 여성들은 예외 없이 나이가 들면 성숙한 여인이 되고 싶어 한다. 그러나 나이 든다고 모두 성숙해지는 것은 아니다. 돈의 노예가 되어서는 결코 성숙 해질 수 없다."는 '메리 엘리자베스 슐레이어'의 말은 또 다른 관점에서 이야기 하고 있다. 우리가 어떤 경제관념을 갖느냐가 중요 하겠다.

인간에게 공기만큼 중요한 것도 없다. 하지만 인간은 공기만을 먹고 살수는 없다. 이 세상에 감출 수 없는 것이 세 가지 있다고 한다. 사랑, 기침, 가난 이라고 한다. 가난한 것도 숨길 수 없다고 한다. 사실 돈을 싫어하는 사람은 없을 것이다. 돈을 많이 번 사람을 한편으로는 속물이라고 평가절하하면서도 누구나 다 부러워한다.

앞에서 갑부의 예를 들었던 '워런 버핏'의 성공 스토리 뒷이야기 중 "돈은 안 써야 모인다."라고 한 말이 있다. 누구나 다 아는 이야기다.

돈을 번다는 것은 기술을 가지고 있고 일하기를 게을리 하지 않는 사람이라면 누구나 가능한 일이다. 그리고 가난하지 않게 살기 위해서는 어떤 경우라도 수입보다 지출을 줄이면 된다. 그런데 원칙을 벗어나 정당하지 않은 방법으로 돈을 벌려는 세태가 매우 걱정스럽다.

기쁨을 얻어내는 것에는 여러 가지 방법이 있을 것이다. 어떤 이는 책을 읽으면서, 또 어떤 이는 좋은 친구와의 대화에서, 어떤 이는 미술관의 명화를 보면서 기쁨을 얻으며 자신의 일을 충실히 하는 것에서 기쁨을 얻는 사람도 있을 것이다. 그런데 명품 브랜드숍에 몰려들어 명품브랜드제품을 사는 것에 기쁨을 맛보는, 웬지 그런 사람은 외로워 보인다. 재산을 얻은 후에도 가난할 때처럼 일하기를 계속하는 것이 중요하다. 그렇지 않으면 재산 때문에 자신의 재능과 가치가 떨어져버리는 운명에서 벗어날 수 없기 때문이다.

필자는 우리의 딸들이 지나친 부자가 되기 위해 노력하지 않았으면 좋겠다. 부자가 되기 위해 돈을 모으는 것이 아니라 자기가 생각하는 가치 있는 인생을 위하여 돈을 모으고 쓰면 좋겠다.

"행복지수가 높은 나라들은 명상이나 종교가 발달했다"고 한다. 진정한 행복을 아는 사람들은 돈이 행복의 중요한 역할을 한다고 생각하지 않는다. 그들은 자유와 자신의 삶을 스스로 선택하는 것을 더 중요한 요소라고 생각한다. 물질적인 것을 얻기 위해서 너무 많은 희생을 하지 않았으면 좋겠다.

며칠 전 우연히 EBS 방송을 보게 되었다. 방영된 내용을 적어본다.

인간은 부족한 자존감을 채우기 위해서 과소비를 한다. 자존감이 낮을수록 간격을 줄이기 위해서 더 많은 소비하고, 그에 따른 도파민은 쇼핑을 하거나 술을 마시거나 게임을 할 때 나온다. 소비를 하면서 텅 빈 내 모습을 보게 되는데 소비는 감정이라고 말하며, 소비를 하면 행복해진다고 한다. 그렇다면 계속 많이 소비하게 되면 더 많이 행복해질까? 그렇지 않다고 한다.

서울대 심리학과 곽금주 교수의 공동연구가 있었다. 초등학생 두 그룹에게 똑같이 5만원을 주고 한 그룹은 갖고 싶은 것을 사게 하고, 또 다른 한 그룹에게는 같은 돈으로 체험을 하게 하였다. 그 후에 연구에 참여한 두 그룹에게 어느 쪽이 더 오래도록 행복한가를 설문을 해 본 결과 갖고 싶은 물건을 산 그룹보다 체험을 한 그룹이 더 오래 행복감을 느낀다는 것을 발표했다. 우리가 돈을 쓰는 행복보다는 삶의 경험에 투자하는 것에서 더 행복이 오래간다는 결과였다. 물질을 소비하는 것 보다 체험을 소비하는 경제관념이 더 행복감을 오래가게 하는 것이다.

나 자신을 힘들고 약하게 만드는 일에 돈을 쓰고 있는가, 아니면 나 자신을 성장시키는 일에 돈을 쓰고 있는가!

알 수 있는 것은 가슴속에 물질만을 살 수 있는 신용카드를 갖고 살 것인가!

삶의 경험을 풍부하게 하는 체험소비를 통해 신뢰카드를 갖고 살 것인가! 에 삶의 가치는 달라진다.

## 서로 다름을 인정한다

"자신의 틀에다 다른 사람을 끼워 맞추려 하지 마라. 세상에서 가장 이상적인 생활 형태란 없다. 다만 여러 가지 다양한 생활 형태가 있을 뿐이다." 각기 다른 모습의 인간들이 존재한다는 것을 강조한 '헤디 위스'의 말이다. 이렇듯 말로는 다양한 삶의 모습이 있다는 것을 알고 있다. 하지만 서로 다름을 인정하기란 쉽지 않다.

이미 잘 알고 있는 참새와 황새 이야기를 하려고 한다.

참새와 황새가 서로 사이좋게 놀려고 했다. 하지만 짧은 다리를 가진 참새와 긴 다리를 가진 황새는 같이 달리기를 하기에 재미가 없었다. 그래서 황새가 참새에게 '너 집에 가서 엄마에게 다리를 나처럼 길게 늘려달라고 해서 와' 라고 말했다. 참새는 엄마에게 가서 다리를 늘려달라고 했지만 불가능했다. 그 다음날 참새는 황새에게 "나는 다리를 길게 늘리는 것이 안 된다. 그러니까 황새 네가 다리를 나처럼 짧게 자르고 와라"라고 말했다. 이 우화를 초등학생들에게 이야기를 들려주면 모두들 책상을 치면서 말도 안 되는 소리라고 말한다.

서로 있는 그대로를 보는 것이 중요하다. 내가 가지고 있는 틀에 그 누구도 끼워 맞추려 하지 않아야 한다. 물론 나 자신도 스스로 그 틀에 갇혀있어서도 안 된다.

다른 사람과의 차이점을 인정해주는 사람은 말이나 행동이 다르다. 상대와의 관계에서 긍정의 힘을 주고받게 된다. 새로운 지평을 열게 된다.

끊임없이 대화를 하게 된다. 상대의 서로 다름을 확인하기 위해서가 아니라 상대를 이해하려는 대화가 된다. 모든 사람들은 세상을 있는 그대로가 아닌 가정과 사회 속에서 이미 습득한 고정관념이나 선입견이 작용하여 보게 된다. 그래서 의식적으로라도 서로 다름을 인정해야 한다. 그래야 세상을 있는 그대로 볼 수 있게 된다. 차이를 인정하게 되는 것이다. 서로 다름을 인정하면 우리의 인간관계의 폭이 넓어지고 삶의 질이 더욱 높아진다.

다르다는 것은 틀린 것이 아니라는 것을 다 알고 있다. 그 차이점을 가치 있게 인정할 줄 아는 것이 내 안에 힘을 키우는 방법이다. 차이점을 인정하는 것이 내 삶에서 만나는 수많은 인간관계를 더욱 풍요롭게 만들어갈 수 있다. 이제 그 차이점을 존중하자. 그러면 나에게 기쁨의 에너지로 돌아온다.

많은 생각을 하고, 많이 이해하고 받아들이자. 그러면 내 삶에서 만나게 되는 사람들과 새로운 관계가 열린다. 자신의 인생관도 더 넓어지고 깊어지며 새롭게 정립될 것이다.

서로 다름을 인정하는 대에 있어 '대충' 이해하는 것이 아니다. '제대로' 인정해야 한다. 그러면 당신의 시각을 확대해야 한다. 자신에게 어떤 고정관념, 편견, 선입견이 있는지 점검해봐야 한다.

코끼리의 엉덩이만을 만져본 사람과 꼬리만 만져 본 사람, 또 다리만을 만져본 사람이 서로 내가 만져 본 것만이 코끼리라고 하는 우화는 모두 맞기도 하고 틀리기도 하다. 우리는 내가 경험한 것, 내가 인식하고 있는 만큼만 보게 되고 생각하게 된다. 그래서 편협한 사고를 가지고 있다. 이러한 편협한 사고를 가지고 있다면 서로 다름을 인정할 수 없다. 말로는 인정한다고 할 수 있지만 실제로는 인정한다는 것 자체를 이해하지 못한다. 내 생각만 옳다고 생각하기 때문에 다른 사람의 생각이나 말을 받아들일 만한 공간이 없는 것이다.

음료수가 하나 가득 차 있는 컵에는 새로운 물을 담을 수가 없다. 새로운 물을 담기 위해서는 그 컵은 다시 비어 있어야 한다. 자신이 알게 모르게 박혀있는 고정관념, 편견, 선입견을 버리고 비워야 한다. 그래야 자신과 생각이 다른 사람을 비롯하여 차이를 인정하는 새로운 시각을 받아들이게 된다.

반복(反復) 된 경험을 통해서 의심과 두려움이 고착된 고정관념은 다섯 살 미만 때 70%가 형성 된다. 이렇게 오래된 관념에서 벗어나는 일 또한 쉬운 일 아니지만 관념을 버리는 것은 경험으로 치유할 수 있다. 단점의 고정관념이 클수록 외고집에 빠지기 쉽고 대인관계 지속성이 떨어져 잘못된 사고를 만든다. 선의의 고정관념은 취하고 악의적인 것들에 대한 고정관념은 버려야 한다.

하늘을 나는 새가 양 날개가 있어야 잘 날듯이 인간관계에서도 서로 다른 음과 양의 조화처럼 온전한 삶을 유지할 수 있다. 사람들이 똑같은 생각, 똑같은 행동을 한다면 과연 어떻게 될까? 정말 지루하고 끔찍해 상상하기 어렵다.

자신이 누구인지 알고자 하여 집안에 앉아서 아무리 거울을 들여다보고 있어도 혼자서는 알 수 없다. 관계 속에 나가서 서로 다른 타인들과 만나고 인정할 줄도 알아야 자신이 누구인지 안다. 서로 다름을 인정하게 된다면 타인과 비교하며 힘들어 하지 않게 되고, 자신도 그 누구의 눈치를 보거나 자신을 의심하지 않고 나답게 살아갈 수 있다.

## 문제를 극복하지 않고 해결한다

한국의 어머니들은 극복하는 역사를 살아왔다. 생활을 전선이라 할 만큼 치열하게 살아왔음을 우리는 알고 있다.

삶을 응석 부리며 지나가는 것이 아니다.

어떤 경우에는 물러서는 법을 배우고 때론 적극적으로 대처하겠다는 마음을 갖는 다면 충분히 윤택한 삶을 발휘할 수 있다. 그러기 위해서는 주체가 되어야 한다. 내 인생의 주인은 나로부터 시작되는 것이다.

삶에서 닥치게 되는 문제들은 많다. 때론 혼란스러운 경험도 하게 되고 방황 속에서 시간도 허비할 때도 있다. 하지만 문제를 극복하거나 해결하고자 하는 과정은 결코 헛된 것이 아니다. 당장은 버린 것 같은 시간이지만 버린 것이 아닌 것을 시간이 지난 후 알게 될 것이다. 지나온 체험들을 통해서 현재를 살아 나가는 지혜를 얻을 수 있다. 절대로 무시할 수 없는 것이 나의 살아있는 경험이다. 그 경험만큼 현재를 만들어 낸 것이다.

매일 반복되는 일상, 그 일상을 벗어날 수 없는 매너리즘 현상을 경험하게 된다. 틀에 박힌 일정한 생활태도에 익혀진 습관은 편할 수 있지만 발전을 가져올 신선함과 독창성을 잃어간다. 고착된 삶은 무기력을 만들어내고 슬럼프란 용어를 탄생시킨다. 딸들의 매너리즘에서 탈출하기 위해 엉킨 실타래를 풀 듯 실마리를 찾아야 한다. 실마리를 찾기 어렵다고 그냥 가위로 잘라버린다면 그 실타래는 다시 사용할 수 없다. 사실 여성의 삶이 실타래라면 잘라버리고 다시 구입하면 될 수도 있다. 하지만 우리 삶을 다시 살수는 없지 않은가?

문제가 있다면 그 문제를 넘어설 수 있는 힘이 있어야 한다. 설사 지금 당장 문제가 해결되지 않는다고 해도 더 이상 헤매거나 고민하는데 에너지가 소모 되지는 않는다. 살아가면서 중요한 것을 갖기 위한 정답은 방법을 찾아 노력하는 것이다. 내가 무조건 옳아서 여기 있는 것이 아니다. 내가 해결하기 위해서 무엇을 해야 하는가를 찾아야 한다. 삶이 내 인생에 어떤 가치를 가지고 있는가에 따라 문제해결은 쉬워 진다.

지금까지 해결되지 않는 문제가 있다면 다른 관점에서 보면 된다. 다른 각도에서 다시 재해석해서 보면 된다.

문제해결을 위한 상황을 분석하고 해결을 위한 질문들을 만들어 내는 힘이 필요하다. 갈등이 생기는 것에 두려워하지 말자. 갈등을 조절하고 해결할 수 있는 다양한 방법이나 도구들을 찾아내자. 그 도구 들을 활용할 수 있어야 한다. 지금까지 내가 알고 있었던 방법으로는 해결할 수 없는 일이 발생했다고 포기하거나 좌절하면서 주저앉지 말아야 한다. 또는 혼자만 끙끙 앓고 넘어갈 것이 아니라 솔직하게 모른다고 말할 수 있어야 한다. 하지만 반드시 해결은 해야 하는 것이다.

다른 사람이 주는 조언이나 문제해결방법을 알았다 해서 모든 문제가 해결되지 않는다. 노란색과 빨간색은 재료는 같지만 쓰이는 용도는 극과 극에 쓰여 다른 모습으로 탄생 될 수 있다.

내 삶은 내가 제일 전문가이다. 타인의 방법이 나에게도 맞지 않다. 나는 내 방법을 찾아야 한다. 누가 대신 해결해주면 좋을 것 같다. 하지만 그것은 내 환경에 맞는 방법이 아닐 것이다. 타인의 방법에 맞춰진 삶은 그 대상의 노예가 될 수도 있다.

내 삶의 결정권을 내가 가지고 가자. 그렇게 하려면 문제를 면밀히 분석하고도 내 힘을 잃지 않는 것이 무엇보다도 중요하다. 어떠한 위기에도 겁을 먹지 말자.

전략적으로 사고하자. 내 안에 창조적인 힘이 있음을 믿어야 한다. 문제를 통찰하기 위해서는 언제나 내 마음의 주인으로 살아간다는 것은 나 자신을 재인식하는 거다. 객관적인 눈으로 자신을 바라보고 자신을 높이 평가해 보는 것이다.

나답게 어떻게 호흡하면서 살아갈 것 인가를 알기 위해서 내가 누구인지 잘 이해하고 내 삶을 둘러싼 사회를 이해하는 교육이 필요하다. 그리고 나 자신에게 기대를 걸어보자. 혹시 문제해결이 어렵다고 자신에게 시비 거는 마음은 갖지 말자. 문제가 풀리지 않는다고 스스로 발끈해 하지 말자.

위기를 보느냐 기회를 보느냐는 자신의 관점에 따라 다르게 보인다. 기회를 보는 눈을 가진다면 좌절보다는 가능성을 보게 된다.


주위에 시선을 많이 받는 나무는 열악한 환경에서 자란 경우가 많다고 한다. 고단함의 경험은 성장의 또 다른 기회의 시작이다. 아무리 환경이 어렵다 해도 자신의 의지를 단단히 할 수 있는 마음의 근육을 키우자. 왜 나에게 이런 문제가 생겼지? 라고 한탄하는 것이 아니라 이 문제를 어떻게 해결하지? 라고 생각하는 거다.

"행복은 결코 자신의 문제와 약점을 무시하는데서 얻

어지는 것이 아니다. 진정한 행복은 오히려 그것을 적극적으로 끌어안는 데에서 온다. 자기 앞에 현재 해결하지 않으면 안 될 어떤 문제가 있는가. 그러면 그 문제와 당당히 맞서라. 그 문제는 오히려 자신이 최선을 다해 추구하고 해결해야 될 인생의 가장 멋진 목표가 될 것이다. 그리고 약점이란 아직까지 그 이용 방법을 모르고 있는 개발되지 않은 장점임을 깊이 인식하라!"

'로버타 진 브라이언트'의 말에서 가장 멋진 인생의 목표가 보인다.

## 꿩 대신 닭을 찾지 않고 스스로 칠면조가 된다

"일생동안 남의 인생만을 모방하거나 스스로 자신의 길을 선택하지 못한다면, 자기 인생의 목표를 상실하고 만다. 그렇게 되면 자기 자신을 변화시킬 엄청난 힘이 자신 안에 있다는 사실조차도 깨닫지 못하고 만다. 훗날, 하지 못한 일들을 후회하며 인생을 보내지 않도록 이제부터라도 자신만의 삶을 찾아라."리브 울만'의 말이다.

전 세계적으로 3억 명의 인구가 관람했다는 기록의 뮤지컬이 2008년 영화로 개봉됐다. '맘마미야'라는 영화이다.

아바의 노래를 스토리텔링화한 작품인데 이 영화를 관람한 여성들, 특히 주부들은 찬반양론이 나뉘었다는 신문기사가 읽었다. 싱글 맘으로서 낡은 모텔을 경영하면서 주체적이고 당당하게 아이를 키우는 모습을 긍정적으로 평가하는 부류가 있는가하면 어떤 주부들은 도나(메릴스트립)의 처녀시절 자유로운 성생활을 받아들이기 힘들다는 평가를 하는 것이다.

물론 어느 쪽이 더 옳은 일이라고 누구도 말할 수 없다. 다만 남자의 경제력에 의존하지 않고 어렵고 힘들지만 자신의 힘으로 살아가는 여성의 삶에 대해서 토론 해보는 것이 필요하다는 것이다. 어떤 상황이 나에게 닥치더라도 그 상황에 당황하지 않고 스스로 개척해서 살아가는 철면조가 되려는 것을 더 이상 탓하지 않는 시대에 살고 있기 때문이다.


며칠 전 본 뉴스 내용이다. 현재 20대 중에서 40%는 45세가 될 때까지 미혼으로 살아갈 것이라는 통계가 나왔다.

남자대학생은 경제적인 문제로, 여자대학생들은 자유롭게 살고 싶어서 결혼은 하지 않을 수도 있다는 인터뷰를 하는 것이다. 세상은 이제 스스로 칠면조가 되어야 살 수 있는 세상이다.

이 세상에 하나밖에 없는 내 짝을 찾아서 가정을 꾸미고 아이를 낳고 따뜻하게 살아가는 것은 분명 추구할 만한 가치가 있는 일이다. 그러나 여기서 여성과 남성 양쪽에 똑같은 결과를 가져오지 않는다는 것이다. 나는 이 땅의 딸들에게 결코 결혼을 하지 말라고 말하고 싶지 않다. 진정한 행복이란 남편이나 자녀들이나 타인에 의해서가 아니라 자기 자신에 의해서만이 행복하다는 말을 하고 싶은 것이다.

돈 많이 벌어다 주는 남편은 경제력이 없어지면 그만이고, 자상한 남편도 그 자상함이 받아주는 나의 기대치와 맞는지를 살펴야 한다. 진정한 행복은 내 안에서 일어난다.

진정한 행복은 내가 누군가와 같이 산다고 행복하고 혼자 산다고 불행한 것이 아니다. 진정한 행복은 둘이 살아도, 또는 혼자 살아도 저 홀로 스스로 행복해야 되는 것이다.

그래야 누구 때문에 라는 남 탓을 하지 않게 된다. 이 세상에 의미 있는 타인은 나 자신임을 놓치지 않으면 언제 어떤 고난이 닥쳐도 우린 꿩 대신 닭을 찾지 않고 스스로 칠면조가 될 수 있다. 내 안의 칠면조는 새롭게 만들어 내는 것이 아니라 아름답고 즐겁게 살아가는 기술을 습득하는 것이다.

요즘은 양성평등 마인드가 확립된 남자들도 많다. 그런 남자들이라면 기꺼이 환영할 수 있다.

여성들의 문제를 해결할 수 있는 방법 중에 하나는 여자인 내가 먼저 평등해질 수 있다는 생각과 교육을 받아야 한다.

항상 쉬운 일을 찾거나 꿩 대신 닭이다. 라는 생각으로 살아가는 것 보다 조금은 힘들더라도 꾸준히 노력하면서 스스로 칠면조가 되는 일이다. 가끔은 자신이 져야하는 짐이 버겁게 느껴질 때도 있다. 그것조차도 자신이 삶에서 소중한 가치로 받아들일 수 있는 일임을 잊지 말자. 시간이 걸리더라도 짐을 지는 요령을 터득하게 되고 그러면 인생의 짐이 차츰 가벼워 질것이다. 기존 꿩이나 닭들에 의해 만들어진 낡은 의식의 굴레에서 벗어나 스스로 칠면조가 되어 자신의 삶을 화려하게 꾸려나가기만 하면 된다.

아무 노력도 하지 않고 남편하나 잘 만나 종속적으로 사는 줄도 모르고 무임승차하는 인생길을 가지 말자, 아니면 적당한 보상을 목적으로 내 인생을 개척하며 서로에게 유익한 투자인생을 살아가자.


준비 없이 맞이한 미래가 문제시된다 해도 그 미래에 배신당하지 않기 위해 자기 인생의 독립운동가가 되어야 한다.
거울을 통해서 외모를 보듯이 내가 원해서 만든 거울로 자신을 보자. 사회가 만들어준 거울을 통해 얻는 정보는 객관적인 근거일 수 있다. 그 거울은 나를 억압하고 나에게 맞지 않는 것일 수도 있다. 나의 잠재력은 내면의 목소리에 귀를 기울여야 한다.
이것은 나의 감정이나 생각을 무시하지 않고 잘 다룰 줄 안다는 것이다. 바로 여성 자신의 가치관과 내면화된 고정관념의 틀을 깨야만 한다. 어떻게 사는 것이 정답일까 생각하기보다는 나는 어떤 삶을 살고 싶은가를 자신에게 먼저 물어봐야 한다. 그래야 인생의 독립운동가로 살 수 있다. 원하는 삶을 다른 사람이 원하는 대로 산다면 진정한 자기 인생의 독립운동가가 아니다.

"의존적인 여자는 점점 버림받거나 주변으로부터 잊혀져가는 삶을 살게 될 것이다."

정신 바짝 차리자.
가부장적인 사회, 성차별적인 사회구조 속에서 외로움에 지쳐, 남자 잘 만나서 신분 상승하려고 하는 생각을 버리지 않는 한 성 노예 다름없다. 보고 배울 수 있는 모델이 필요하다.
스스로 그 모델이 될 수 있기를 바란다.

남편에게 순종하는 여자가 아닌 인생의 파트너로 남는 여자, 자식에게 모델이 되어주는 엄마, 결혼하고 아이가 있어도 자유로운 여자, 신 현모양처의 모델이 되는 것이라면 괜찮다. 물론 여자 혼자서 노력해서 되는 일은 아니다. 사회적 환경을 바꿀 수 있는 제도가 뒷받침 되어야 한다. 제도가 있다 해도 의식을 변화 시키지 않으면 제도는 자신에게 무용지물이다. 우선 사람들을 만났을 때 거의 무의식적으로 고정관념에 의한 기대를 가진다.

케이듀오(Kay Deaux)의 남녀의 행동차이에 관한 연구서 에서 보면 "인간의 지각이 선택적이라 일단 믿는 것에 대해서는 확인 없이 믿는 것만 보게 되는 습성이 있다."고 한다. 성별에 따라 기대하는 것에 자신감을 가지고 일탈하라. 내가 가진 특성에 대해서 높은 평가를 받지 못한다고 해도 위축되지 말고 당당해져야 한다. 내 것이 아닌 나의 특성에 당당히 거부감을 느끼고 표현해라. 그리고 나서 내 삶을 위한 진정한 내 목소리와 나의 특성을 찾는 것이다.

내가 속한 사회가 내 삶의 틀을 수용하거나 적어도 적응하려 하지 않는다. 자신의 의존성이 무의식적으로 강화되기 시작할 때가 언제인지를 스스로 의식하며 관찰하자. 부모가, 사회가 나에게 보다 많은 기대를 갖는 것이 어떤 것인지를 스스로 깨달아야 한다.

# Chapter 6

## 딸들아! 비상하라

## 생활 속에 관계망이, 사람을 살리는 것

'여성들은 인간관계의 맥락에서 자신을 정의할 뿐만 아니라 남들을 돌보는 능력에 근거하여 자신을 평가 한다' '캐롤 길리건'의 말이다.

생활에서 친밀한 인간관계는 만족을 느끼는 중요한 부분이다. 그런데 '남들을 돌보는 능력'이라는 부분이 눈에 들어온다. 남들만을 돌보는 능력을 계속 키우다보면 내 인생이 전혀 내 의지 밖이라고 느끼게 되지 않을까! 내 한계가 어디까지인지를 알면 좌절하고 힘들어지지 않을까! 하는 의문이 든다. 이러한 의문을 가지는 일상이라면 도망치고 싶어질 것이다. 살아갈수록 자기 자신이 취약하고 의존적이라는 사실을 발견하게 될 것이다.

인간관계에서 친밀감을 경험한다는 것은 행복한 일이다. 하지만 의무감을 가진 친밀감이라면 억압적인 관계가 되고 만다. 지나간 어른시대에는 살림의 의미가 지금의 살림과는 다른 의미였다. 내 몸을 빌려 나온 자식만 잘 키워서 되는 세상이었다. 하지만 현대는 사회활동과 부모로서의 역할인 양립적인 활동을 원하고 있다. 남편과 자녀들의 바람, 나 또한 한 가지 일로 인정받길 원하지 않는다. 수퍼 우먼이 되고 싶어 한다.

사람을 살린다고 할 때 그 사람 속에 나 자신을 포함시키는 것을 전제로 한다. 그 누가 알아주지 않더라도 스스로 친구 관계망을 만들어 낼 가치를 갖고 인생의 과제를 풀어가는 경우를 말한다. 그런데, 스스로의 관계에 대해 필요함을 느끼지 못하고 남편의 관계만으로 살아간다면 진정한 나 자신과 주변을 살리는데 도움이 안 된다. 내면적으로는 늘 고립감과 공허감을 느낄 수밖에 없을 것이다.

살아가면서 큰 사건의 일은 물론이고 자잘한 문제들에 대해서도 걱정만 할 것이 아니라 먼저 경험해본 친구나 선배에게 조언을 구하고 정서적인 지지를 받게 된다. 특히 나이가 들어갈수록 든든한 관계망의 개발이 필요하다. 특히 자신과 가치기준이 같은 사람과의 연대는 더욱 안정적이다. 이런 살림을 위한 친밀한 관계는 삶을 윤택하게 할 수 있다. 나 자신의 욕구가 무시되고 상대의 일방적인 친밀한 관계인지를 구별할 줄 알아야 한다. 행복하지 않은 관계를 이어가기보다는 차라리 혼자인 것이 낫다고 말할 수 있어야 한다. 자극과 반응의 주고 받음이 같을 때 일어나는 '상보적 교류'에 의한 라이프게임에 룰이 있다면 그 룰도 내가 만드는 거다. 라고 당당히 외쳐보자. 그리고 나한테 영향을 미치는 강력한 규범이 무엇인지를 알 필요가 있다. 자신을 수동적이고 순종적으로 행동하게 하는 강력한 규칙이 무엇인지 파악할 필요가 있는 것이다. 그 규칙이 파악되는 순간을 내 삶의 중요한 전환점으로 삼아야 한다. 자신을 포함한 생활을 할 것인지 아닌지의 선택은 각자의 몫이다.

어떤 생활을 추구하고 어떤 변화에 저항 할 것인지도 스스로의 선택이다. 그러기위해서 기대에서 예상외의 반응이 돌아오는 교차적 교류로 완전한 삶을 살 수 있다는 것을 아는 것이 중요하다. 나를 진정으로 아끼는 마음을 갖는다면 나를 괴롭히고, 나를 억압하는 규칙은 자연스럽게 포기 할 수 있다. 더 이상 누군가가 내가 원하는 것을 찾아주고 나 자신을 대신 발견해주기를 기다리지 말자.

오지 않을 왕자를 기다리는 마음으로 인생을 허비하며 인생이 아깝다고 한탄하는 어리석음을 경험하지 않았으면 좋겠다.

습관적인 생활에 대한 경계선의 존재를 의식하며 자아를 지키는 것이어야 한다. 아무리 강조해도 지나치지 않는 것이 있다. 바로 내 인생의 온전한 주인이 될 때 내 가족도 내 이웃도 살릴 수 있다.

돌발 상황 시에 내 삶을 지탱할 수 있는 힘이 있는가, 이 세상에 나 이외에는 모두 타인이다. 내 삶의 주인도 인생의 주인도 나이므로 우주는 나를 중심으로 돌고 있다는 자긍심을 가져야 한다.

딸!

포스를 가질 것인가? 파워를 가질 것인가?

왜! 라는 관점, 사태를 제시하여 상대에게 설명을 할 때 바로 자신의 관점에서 설득 시킬 수 있으면 된다.

내가 하는 행동을 왜 하는지를 스스로는 알고 있어야 한다. 내 관점에서 보았을 때 저것이 왜 그렇게 되었을까? 를 생각해보는 게 중요하다.

세상에 당연한 것은 하나도 없다.

왜 라고 의문을 갖자. 자기중심으로 확대해 질문을 해 보자. 그러면 자연스럽게 파워를 가질 것이다.

왜, 라고 물으면 많은 것들이 새롭게 보인다. 과거가 무조건적인 주입식이었다면 현재는 용감하게 질문형식으로 나의 관점에서 타당한 선택을 한다. 내 관점을 밝히지 못하고 주장만 하는 것은 싸움으로 포스를 가질 수는 없다.

나하고 다른 주장을 하는 사람이 있다. 그때 내 관점에 따라 증거와 논리적으로 설득시킬 수 있는 능력이 파워다.

여성이 파워를 가지는 것이 타인으로 부터의 힘을 빼앗는 것이 아니라 상대를 존중하며 경쟁하는 라이프 게임이다. 여성들의 파워 획득 새로운 비전과 통찰력, 신 패러다임이 필요하다. 기존의 논리와 기존의 행동을 그대로 따르기 위해서 파워를 가지는 것이 아니다. 희망과 바람을 담아 미래를 이끌어 나갈 때 필요한 파워게임이다.

잘 풀리지 않을 때 나 자신을 협박하며 인생을 쫓기듯 살아가는 것 보다 힘들 때 마다 스스로를 위로하고 힘을 주며 살아가는 것이 덜 힘든다. 이것이 포스와 파워의 차이이다.

인생은 그리 순탄하지 않게 흘러갈 때도 많다.

그때마다 허둥지둥하지 않고 미리 책임지고 살아나가기를 배운다면 좀 더 방향감각을 가지고 헤쳐 나갈 수 있는 파워가 필요하다.

억지로 쥐어짜는 물리적인 힘이 아니라 저절로 내면에서 우러나와 흐르는 힘이 더 오래간다.

도전하는 삶을 살아가는 것만큼 즐거운 경험도 없다. 하나씩 경험해 낼 때마다 스스로 해냈다는 승리감으로 자아존중감이 커지게 된다. 그럴 때 저절로 파워에너지가 생산된다.

타인이 자신을 믿고 의지하는 것도 보람을 느끼는 일이다. 이처럼 내가 나를 믿고 의지할 수 있는 힘만 있다면 어떤 상황에서도 삶의 의미를 찾을 수 있고 즐겁다.

이렇게 얻어진 에너지를 어디에 쓸 것인지의 결정은 자신이 하는 것이다. 자신을 수용해보려고 애쓰다가 지쳐 버릴 파워를 사회를 향해 쏘아보자.

인생이란 어쩌면 지도 없이 떠나는 여행 같은 것 아닐까! 그동안 딸들에게 의미 있다고 배운 덕목들이 과연 정말로 자신에게 의미가 있는 것인지 다시 살펴보자.

정해진 지도대로 살아가면 될 거라는 꿈을 버려라, 내 길은 나로부터 시작된다.


인생이라는 연극 무대에 주인공은 결코 타인이 될 수 없듯이 두려움 속에서 나온 전략보다 자신감속에서 나온 전략이라야 인생의 전문가가 된다.

미래 예측으로만 듣던 일들이 거의 이루어지고 있다. 빠르게 변화하는 시대에 적응하면서 살아가는 것으로는 뒤처지게 된다. 내가 살아야 할 시대의 흐름을 파악하는 시각을 갖자. 그러기 위해서 나 자신의 삶을 컨트롤하며 걸림돌이 무엇인지를 찾아 개선하고 앞장서는 자기 인생의 전문가가 된다.


진리의 담론에 대해 앞장서는 나만의 사명은 무엇인지 부여된 과제들에 무조건 따라가지 말고 내 목소리를 소중한 항목으로 자리 잡게 하자. 그래야 풀어나갈 수 있는 이런 저런 방법들이 저절로 모아진다.

내 삶을 변화 시키고 싶다면 두개의 점을 갖자. 인생에는 두 점이 있어야 한다. 한 개의 점만으로는 바꿀 수 없다. 현재의 나를 뜻하는 점하나, 그리고 미래에 되고 싶은 나를 뜻하는 점하나이다.

"인생은 패자부활전 없이 준비한 만큼 내 인생이 열린다."

돈도 쓸 계획을 가지고 모아야 성공하듯이 내 인생도 내가 준비한 만큼 성공할 수 있다.

스스로가 자기 인생의 전문가로 능력을 갖추기 위하여 큰 비전을 가지고 원리를 체득하고 능동적 개척해 나가야 한다. 자기 인생의 전문가는 태어나는 것이 아니라 만들어 지는 것이다. 선대의 여성을 보면 이해하지 못할 생활관을 볼 수 있다. 결혼이 평생 안전하게 먹고 살아 갈 수 있는 직업쯤으로 살아가는 딸들이 많다.

시대적 분위기를 잘 표현한 유행어 중 "연애는 필수이고 결혼은 선택"이라는 말이 있지만 현대인 중에도 아직도 결혼을 직업정도로 생각하는 여성이 있을 것이다.

혼자서도 행복하게 살 수 있다고 확신하는 사람은 결혼해도 행복할 수 있다. 타인의 도움 없이도 풍요로운 삶을 개척해 나갈 수 있는 나의 능력을 맘껏 써먹어야 한다. 확신을 확장시키면 능력은 점점 커진다. 잘못된 고정관념들은 더 이상 늦기 전에 새롭게 바꾸어 나가는 것이 필요하다.

시멘트도 굳어버리면 깨기 어렵듯이 지금 더 늦기 전에 자신의 사고와 태도를 늘 점검하고 바꾸어 나가야 한다.

살면서 타인들의 가치관과 사고방식은 인정하고 존중해 주지만, 자신의 사고방식과 가치관은 시대의 흐름에 따라서 수정해 나가야 한다. 그래야 자기 인생의 전문가로 살아갈 수 있다.

자신의 인생에 정답 지도는 없지만 늘 스스로의 인생경로를 그려보려고 애쓰며 살아야 한다. 성숙된 만큼 자기 인생의 전문가의 길로 가는 길이 가까워진다.

캐런호니의 "정신분석학이 인간의 내적 갈등을 해결하는 유일한 방법이 아닌 것은 정말 다행이다.

인간 내면의 갈등을 해결해 주는 가장 훌륭한 치료사는 현재 살아 숨 쉬고 있다는 느낌, 즉 인생 그 자체이다" 는 전문가로 살 수 있는 힘이 되는 말이다.

## 세상의 절반, 딸들아!
## 세상을 물들이라

세상을 떠들썩 하게 했던 끔찍한 흉악범이 있는가 하면 마더테레사 수녀님처럼 날개없는 천사같은 분도 있다. 인간임에도 가치관의 차이로 지옥과 천국에서 존경과 질타를 받으며 살아간다.

자신의 삶과 연결시키는 재음미, 재해석, 재 비판을 자기 식으로 만들고 옳은 방향으로 실천하려고 노력하여야 한다.

남성 중심의 시각 안에서 부정적으로 생각했던 것을 여성 중심적 시각으로 재 음미해야한다. 잘 적응하고 살며, 내면의 억압 없이 변화되어 가는 힘을 가져야 한다. 행복은 '나다움'을 찾는 것에서 온다. 실천에서 이론이 생겨난다.

다짜고짜 물에 뛰어드는 사람이나, 하루 종일 도서관에서 수영에 관한 책만 읽고 있는 사람이나 수영을 잘 배울 수 없는 것이다. 오늘부터 실천해야 한다.

화장실 비데를 사용할 때 깨끗한 물 임에도 불구하고 우리는 필터를 갈아가면서 사용한다. 나의 가치관도 현실에 맞춰서 필터링을 해야 한다.

"당신은 꼭 성공한다고 믿어라!"

세상을 물들이기 위한 준비를 지금 시작하자. 내 안에 숨어 있는 날개를 펴서 비상하자.
어미 새는 새끼의 입에 먹을 것을 넣어주지만 날아오르는 것은 스스로 반복된 연습에 의해서 아름답게 비행한다.

내가 이루고 싶은 것, 내가 얻고 싶은 것을 모두 가정이라는 틀 안에서만 해내려고 하지 말자.

이제 세상에서 내가 이룰 것들이 무궁무진한 만큼 가정 안에서만 통용되는 가치가 아니라 세계 어디서나 인정받고 세상 사람들에게 유익한 자기 가치를 찾자.

"차세대는 영감, 창의력 그리고 생명력으로 정신과 두뇌에 기초한 새로운 자원개발 경쟁에서 주도권을 잡을 것이다." 라고 '캐럴 오스번'이 한 말을 다시 한 번 새기며 세상을 물들이는 데 앞장서면 좋겠다.

## 에필로그

봄이다.
봄이 오는 설렘은 오십이 넘도록 매년 질리지도 않는다.
나름 치열하게 살았던 지난 세월을 돌이켜 보면서 오래 전부터 꿈꾸던 책 한권 내기로 마음 먹었을 때도 봄이었다.

하지만 나의 어린 시절을 생각하면 아쉬웠던 부분이 많다. 내가 성교육 강사로 활동하면서 나도 양성평등한 성교육을 받았더라면 지금보다 더 훨씬 멋지고 당당한 삶을 살 수 있었을 것 같은 안타까움도 컸다.
아쉬웠던 그 마음으로 이제 인생의 황금기를 보내고 있는 젊은 여성들을 생각하면서 썼다. 또한 귀한 내 딸들에게 부모이기 이전에 인생의 선배로 남고 싶은 부모들을 생각하면서 적은 것이기도 하다.

그런 간절하고 절실한 마음으로 보석처럼 귀한 이 땅의 딸들과 '딸바보'라고 불리는 부모들에게 감히 선물하고 싶다.

때로는 엄마한테 늘 들었던 잔소리 같은 말도 있을 것이다. 하지만 조금 먼저 살아온 인생의 선배로서 거칠지만 따뜻한 마음을 담으려고 노력했다.

이 책을 다 읽고 나서 딸들과 부모들이 단 1퍼센트라도 삶을 살아가는 힘이 생긴다면 좋겠다. "여성의 눈으로" 세상을 보는 새로운 시각이 생긴다면 저자로서 더 없이 기쁠 것이다.

이 책을 쓰는 동안 내내 나는 행복했다.

더불어 감사의 인사를 전하고 싶은 분이 참 많다.

인생을 스스로 개척해 가며 당당하고 열정적으로 살아가는 두 딸에게 정말 고맙다.

부모로서 많은 상처를 주었기에 늘 미안한 마음을 안고 사는 엄마인 나에게

"엄마는 100점 만점에 200점을 줄 수 있는 엄마야! 이 세상에 엄마 딸로 태어날 수 있어서 가장 행복해"라고 말해주는 내 딸, 윤주와 연주에게 정말 고맙고 "사랑해" 라고 말해주고 싶다. 또한 묵묵히 나의 사회활동을 지지해주는 남편 나상만씨에게도 감사하고, 책 출간을 기뻐해준 정신적인 오빠같이 든든한 내 동생, 원채, 경채에게도 늘 고맙다.

보석 같은 이야기가 많이 쏟아질 것 같아 기대가 된다는 말씀으로 격려해주신 멘토분들에게도 감사인사를 드리고 싶다.

부족한 글이지만 쾌히 출판을 수락해주신
(주)휴먼컬처아리랑에 진심으로 감사드린다.

막상 첫 교정 원고를 받았을 때 기쁨도 잠시, 교정을 볼 때마다 고칠 것이 많아져서 조급해하는 나에게 "원래 볼수록 고칠 것이 많아지는 법이예요"라고 힘을 주며
내 맘에 쏙 드는 추진력을 보여주신 이현숙 대표님께 깊은 감사를 드린다.

2015년 2월
정 애 숙